変化型で見る
チェコ語単語集3000

金指 久美子 編著

東京 大学書林 発行

はじめに

チェコ語を学び始めると、ごく早い段階で語形変化の豊かさに気づく。「豊か」というと聞こえがいいが、要するに語尾のつけ替え方がとても煩雑なのである。教科書の新出単語は、見出し語の形を覚えただけでは充分とはいえない。変化パターンも頭に入れてようやく、正しく理解し書いて話せるようになる。

教科書では学習者の負担を減らすべく、主な変化型に限定して紹介する。そうすると、変化表の外にいくつもの但し書きが連なってしまう。頻度の高い語に限って、表と完全に同じ変化をしないからである。語幹の母音や子音が交替したり、正書法の規則に基づく綴りの違いがあったり、歴史に起因する特殊な語尾だったりと、但し書きの分量は実に多い。新出単語の変化型を探し出し、さらに欄外の但し書きを読み込んで、どう変化するのか特定するのは、かなりつらいし、結局は負担である。

本書はこの但し書きを極力排して、どの語も表のとおりの語形変化であるように提示した。すでに習った語の変化を確認したり同じ変化をする語は他に何があるのか調べたりしながら、語彙力をきちんと着実に上げるための、チェコ語の補助教材である。252 ～ 301 ページの索引に付された数字が、その語の属する変化表の番号に対応する。1つの表に属する語数が多い場合は、語幹末がわかるような配列にした。こうすると、まったく同じ変化をする語が見えやすく、覚えやすい。索引にはちょうど 3000 語が収録されている。頻度数辞典と複数のチェコ語教材をもとに選び出した、基礎的な語彙である。変化型中心なので、間投詞（感嘆詞）や挨拶などは取り上げていない。接続詞や前置詞などの不変化語については、例を挙げた。その例で用いられる語もすべて索引にある 3000 語が使われている。

最後に主な参考文献・参考サイトをその特徴とともに紹介する。

Čermák, František a kol. 2004. *Frekvenční slovník češtiny*. NLN: Praha.
Jelínek, Jaroslav a kol. 1961. *Frekvence slov, slovních druhů a tvarů*

v českém jazyce. SPN: Praha.

どちらも語彙の選定に用いた頻度数辞典。上位1000～1500語にはそれほど大きな違いはないが、それでも確認したかったので、1961年版も参照した。

Lexikografický kolektiv Ústavu pro jazyk český AV ČR. 2005. *Slovník spisovné češtiny pro jazyk a veřejnost*. Academia: Praha.

品詞や語義を確認するために用いたチェコ語辞典。1978年に初版が、2003年に第３版が出版された。チェコにおける国語辞典の定番といっていい。上掲の辞書はこの第３版の２刷である。収録語数は約５万語。

Kopecký, L.V. a kol. 1973. *Česko-ruský slovník*. SPN: Praha

２巻本のチェコ語・ロシア語辞典。２巻目の巻末にある変化表がまさに本書の目指した「但し書きのない表」である。変化型の提示の仕方や、個々の語と表の関連のさせかたを参考にした。収録語数は６万２千語。出版されてから時間が経っており、語によっては意味や変化パターンに多少の変化は認められるものの、語彙の選定、語義、文法情報のすべての面においてこれほど充実した辞書は他にない。

Ústav pro jazyk český Akademie věd České republiky. *Internetová jazyková příručka*. <prirucka.ujc.cas.cz/>

チェコ共和国科学アカデミー・チェコ語研究所が手がける、チェコ語ハンドブックインターネット版。辞書部と解説部に分けられる。後者は2014年に紙媒体で出版された。前者の辞書部の方に、ある語を入れて検索をかけると、変化表が現れる。現在の変化型を確認するために用いた。

本書が、チェコ語学習における「最初の一山」を越える助けとなれば、これほどうれしいことはない。

2018年１月

編著者

目　次

変化型で見る
チェコ語単語集 3000

1. 名　詞

訳語の前の（複）は、原則として複数形のときの意味を指す。また、/ は原則として形態あるいはつづりのバリエーションを表わす。

11XX　男性名詞

無語尾硬変化型不活動体

無語尾硬変化型不活動体タイプ一覧

番号	例	ページ
1101	telefon	2
1102	dojem	5
1103	metr	6
1104	vítr	6
1105	park	7
1106	balík	8
1107	břeh	8
1108	úspěch	9
1109	prach	9
1110	vzduch	10
1111	dárek	10
1112	sníh	11
1113	hotel	12
1114	hrad	12
1115	dopis	13
1116	papír	15
1117	účet	15
1118	mráz	15
1119	dům	16
1120	stůl	16

番号	例	ページ
1121	most	16
1122	zákon	17
1123	chléb / chleba	17
1124	jazyk	17
1125	večer	18
1126	říjen	18
1127	čtvrtek	18
1128	oběd	19
1129	klášter	19
1130	dvůr	19
1131	tábor	20
1132	kostel	20
1133	les	20
1134	sýr	21
1135	národ	21
1136	prostředek	21
1137	kousek	22
1138	sen	22
1139	rok	23

単数１格（主格）形が硬子音で終わり、人・動物以外の意味をもつ。

1101　例：telefon「電話」(-b, -d, -l, -m, -n, -p, -r, -s, -t, -v, -z)

	1（主）	2（生）	3（与）	4（対）	5（呼）	6（前置）	7（造）
単	telefon	-u	-u	telefon	-e	-u	-em
複	-y	-ů	-ům	-y	-y	-ech	-y

基本の変化型である。語幹の形が変わることなく語尾がつく。単数6格（前置格）の語尾はuのみ。

< -b >

hrob　墓

klub　クラブ

pohyb　動き　pohyb hlavou 頭の動き

slib　約束、誓約

způsob　1. 方法　2.（複）行儀

zub　歯

< -d >

důvod　理由、わけ

fond　1. 基金、資金　2. 図書館や博物館などの収蔵品

chod　1. 操業、運転　2.（食事の）コース

klid　静かさ、落ち着き

listopad　11月　v listopadu 11月に

náklad　1. 積み荷　2. 出版部数　3.（複）費用、コスト

nápad　考え、思いつき、アイディア

odhad　見積もり、判断

odchod　出発、去ること

odpad　1. 廃棄物　2. 排水管、排水口

ohled　1. 心づかい、顧慮、配慮　2. 観点

osud　1. 運命、運　2.（複）身の上、身の上話

podvod　詐欺

pohled　1. 見ること、眺め　2. 見解　3. 絵葉書

předpoklad　前提、想定

přehled　概説、概略

přechod　1. 渡ること　2. 移行　3. 横断歩道

původ　源、起源

střed　中心、まんなか

trend　傾向、方向性

vchod　入口　vchod do metra 地下鉄の入り口

záchod　トイレ　na záchod トイレへ

< -l >

alkohol　アルコール、アルコール飲料

automobil　自動車
gól　（サッカーやホッケーなどの）ゴール、得点
model　1. モデル、型　2. 模型
nesmysl　無意味、ナンセンス
omyl　誤り、まちがい、思い違い
průmysl　工業、産業
signál　信号、合図
smysl　意味、意義
styl　スタイル、様式、文体
symbol　象徴、シンボル
titul　1. 題名、タイトル　2. 肩書、称号
tunel　トンネル
účel　目的
úmysl　意図、予定
< -m >
film　1. 映画　film o válce 戦争映画　2. フィルム
gram　グラム
kostým　1.（女性用）スーツ　2. 衣装
objem　容積、体積、容量
podzim　秋　na podzim 秋に
problém　問題（解答や解決を必要とするもの）
program　番組、プログラム
průzkum　調査
režim　1. 体制　2. 計画
rozum　理性
seznam　リスト、一覧表
systém　体系、システム
tým　チーム
výzkum　調査、研究
význam　意味、意義、重要性
< -n >
čin　行為、行動
člen　1.（数学の）項　2.（文の）要素　3. 冠詞
orgán　1. 機関　2. 器官
plán　1. 計画、予定、案　2. 市街図
plyn　1. ガス　2. アクセル（ペダル）
stín　1. 陰、日陰　2. 物影、人影
telefon　電話
termín　1. 期限、締め切り　2. 専門用語
výkon　1. 生産高　2. 功績、業績　3. 実行
zločin　犯罪
< -p >
nákup　買い物
nástup　1. 乗車　2. 開始、乗り出すこと
postup　1. 前進、進行　2. 手順
princip　原理、主義
přestup　1. 乗り換え　přestup na metro 地下鉄への乗り換え　2. 移籍
přístup　1. 進入　2. 問題などの扱い方

strop　1. 天井　2. 上限
typ　タイプ、典型
vstup　1. 入 場、 入 口　vstup zdarma 入場無料　2. 加入、加盟
výstup　1. 下車、降車、出口　2. 登ること　3. 出演
< -r >
brambor　じゃがいも
dar　1. プレゼント、贈り物　2. 天賦の才
dolar　ドル
hovor　通話、会話
charakter　1. 性格　2. 特性
mír　1. 平和、平穏　2. 講和条約
motor　モーター、エンジン
názor　意 見、 見 解　názor na současné problémy 現代の諸問題に対する見解
obor　1. 部門、分野　2. 専門
odbor　1. 部、部局　2.（複）労働組合
odpor　1. 抵抗　2. 嫌悪
pár　ペア、対
pohár　1. ゴブレット　2. パフェ　3.（スポーツの）～杯
poměr　1. 関係　2. 割合
pozor　注意
požár　火事、火災
prapor　1. 旗　2. 大隊
prostor　1. 空間　2. 場所、余地
průměr　1. 平均　2. 直径
rozhovor　1. 会話、話、インタビュー　2.（複）会談、協議
rozměr　1. 寸法　2.（複）面積
rozpor　1. 不一致、相違　rozpory v názorech 意見の相違　2. 対立
sbor　1. ～団（劇団、合唱団など）、団体　2. コーラス
sever　北　na severu 北で・に
směr　1. 方 向　2. 件　v tomto směru この件に関して
soubor　1. 集 成　2. セット　3.（データの）ファイル　4. アンサンブル
spor　議論、口論、論争
tvar　1. 形、形態　2.（複）体形
úvěr　かけうり、クレジット
výběr　1. 選択、選別　2.（預金の）引き出し
výbor　1. 委員会　2. 選集
vzor　1. 型、典型　2. 模範、手本　vzor pro mládež 青少年の模範　3. 模様
záměr　意図、もくろみ
závěr　1. 結論　2. 結末、終了
< -s >
pokles　低下、下落
< -t >
cit　感情、感覚
fakt　事実、真相
internet　インターネット
konflikt　紛争、衝突

kontakt　1. 接触　2. 連絡
květ　花
let　1. 飛行、フライト　2. 飛行経路
návrat　戻ること、帰国、帰還
objekt　目的物、対象
obrat　1. 転換、回転　2. いいまわし　3. 総売上高
plat　給料
pocit　感じ、〜感、気持ち
produkt　製品、産物
růst　1. 成長　2. 増加、増大
sport　スポーツ
start　1. スタート　2. 始動　3. 離陸
stát　国家、国
test　1. テスト　2. 検査
text　本文、テキスト　text písně 歌詞
trest　罰、処罰　trest smrti 死刑
< -v >
kov　金属
motiv　1. 動機　2.（芸術の）主題、モチーフ
projev　表明、演説
stav　状態、情勢、状況
úsměv　微笑み
vliv　影響、影響力、勢力
< -z >
dovoz　1. 輸入　2. 配達
vývoz　輸出
zákaz　禁止　zákaz kouření 禁煙
< 単数形名詞 >
hmyz　虫
lid　人民、民衆
< 複数形名詞 >
šaty　1. 服　2. ドレス　3. スーツ

1102　例：dojem「印象」(-eb, -em, -et, -ev)

	1（主）	2（生）	3（与）	4（対）	5（呼）	6（前置）	7（造）
単	dojem	dojmu	dojmu	dojem	dojme	dojmu	dojmem
複	dojmy	dojmů	dojmům	dojmy	dojmy	dojmech	dojmy

単数1格（主格）形の後から2番目にあるeが、語尾がつくと消える。単数6格（前置格）の語尾はuのみ。

< -eb >
pohřeb　葬式、葬儀
< -em >
dojem　印象　dojmy z cesty 旅の印象

pojem　概念

příjem　1. 受け入れ　2. 所得、収入

zájem　1. 興味、関心　zájem o hudbu 音楽に対する興味　2. 利益

< -et >

počet　1. 数　2. 計算

ret　唇

rozpočet　予算、費用見積もり

< -ev >

název　名称、題名

1103　例：metr「メートル」

	1（主）	2（生）	3（与）	4（対）	5（呼）	6（前置）	7（造）
単	metr	-u	-u	metr	metre / metře	-u	-em
複	-y	-ů	-ům	-y	-y	-ech	-y

単数5格（呼格）形に re と ře のバリエーションがある。単数6格（前置格）の語尾は u のみ。

centimetr　センチメートル

cukr　砂糖、糖

kilometr　キロメートル

kufr　1. スーツケース　2.（自動車の）トランク

litr　リットル

metr　1. メートル　2. 巻き尺

milimetr　ミリメートル

1104　vítr の変化

	1（主）	2（生）	3（与）	4（対）	5（呼）	6（前置）	7（造）
単	vítr	větru	větru	vítr	větre / větře	větru	větrem
複	větry	větrů	větrům	větry	větry	větrech	větry

語幹の母音 í が語尾がつくと ě に交替する。単数5格（呼格）形に re と ře のバリエーションがある。単数6格（前置格）の語尾は u のみ。

vítr　風　proti větru 風に向かって

1105　例：park「公園」(-ak, -ek / -ék / -ěk, -ik / -ík, -ok, -rk, -sk, -uk, -yk)

	1（主）	2（生）	3（与）	4（対）	5（呼）	6（前置）	7（造）
単	park	-u	-u	park	parku	-u	-em
複	-y	-ů	-ům	-y	-y	parcích	-y

kで終わる語。単数5格（呼格）語尾はu、単数6格（前置格）の語尾はuのみ、複数6格（前置格）形はcích。

< -ak >

tlak　圧力　tlak vody 水圧

vlak　列車、電車

zázrak　奇跡

znak　印、あらわれ、記号、符号

< -ek, -ék, -ěk >

lék　薬　lék proti bolesti 痛み止めの薬

oblek　1. 服　2. スーツ（男性用）

úsek　1. 一部　2. 部門

věk　1. 年齢　2. 時代

< -ik, -ík >

deník　1. 日記　2. 日刊紙

kotník　1. くるぶし　2. 指の関節

okamžik　瞬間、少しの間　Okamžik, prosím. 少々お待ちください。

podnik　1. 会社、企業　2. 事業

ročník　学年

slovník　1. 辞書　2. 語彙

vznik　発生、成立

< -ok >

blok　1. ブロック（街画）　2. ブロックノート（はぎとり式のメモ）

bok　1. 側面、わき、横　2. わき腹

krok　一歩、歩み、ステップ

nárok　1. 権利、主張　2.（複）要求

útok　攻撃、襲撃

výrok　陳述、表明

< -rk >

krk　首　v krku 喉で・に

park　公園

< -sk >

tisk　1. 印刷、出版　2. 印刷物

zisk　利益、収益、もうけ

< -uk >

hluk　騒音、騒ぎ

klobouk　帽子

zvuk　1. 音　2. 評判

< -yk >

styk 1. 関係、連絡 2.（複）人脈、交際

zvyk 習慣

1106 例：balík「包み」

	1（主）	2（生）	3（与）	4（対）	5（呼）	6（前置）	7（造）
単	balík	-u	-u	balík	balíku	-u	-em
複	-y	-ů	-ům	-y	-y	balících / balíkách	-y

kで終わる語。単数5格（呼格）語尾はu、単数6格（前置格）の語尾はuのみ、複数6格（前置格）形はcíchとkáchのバリエーション。

balík 包み、小包

chodník 歩道 jít po chodníku 歩道を歩く

1107 例：břeh「岸」（-ah, -eh / -ěh, -ih, -oh, -rh, -uh）

	1（主）	2（生）	3（与）	4（対）	5（呼）	6（前置）	7（造）
単	břeh	-u	-u	břeh	břehu	-u	-em
複	-y	-ů	-ům	-y	-y	březích	-y

hで終わる語。単数5格（呼格）語尾はu、単数6格（前置格）の語尾はuのみ、複数6格（前置格）形はzích。

< -ah >

obsah 1. 内容、中身 2. 要旨 3. 目次

rozsah 1. 面積 2. 大きさ、規模 3. 範囲

výtah 1. エレベーター 2. 概要

vztah 1. 関係 2.（複）交際

zásah 1. 命中、的中 2. 介入、干渉

< -eh, -ěh >

břeh 岸

příběh 1. できごと 2. 話

< -ih >

jih 南 na jihu 南で・に

< -oh >

roh 1. かど 2. つの 3. 隅

< -rh >

návrh　1. 提案、草案　2. 設計図

trh　市場　na trhu 市場で・に

< -uh >

dluh　借金、借り　dluh za auto 車のローン

druh　種類、種　svého druhu 一種の

kruh　円、輪

okruh　1. 軌道　2. サークル　3. 範囲

1108　例：úspěch「成功」

	1（主）	2（生）	3（与）	4（対）	5（呼）	6（前置）	7（造）
単	úspěch	-u	-u	úspěch	úspěchu	-u	-em
複	-y	-ů	-ům	-y	-y	úspěších	-y

ch で終わる語。単数 5 格（呼格）語尾は u、単数 6 格（前置格）の語尾は u のみ、複数 6 格（前置格）形は ších。

dech　息、呼吸

povrch　表、表面、水面

prospěch　1. 利益、利点　2.（学校の）成績

strach　1. 恐怖、恐れ　strach ze smrti 死の恐怖　2. 心配　strach o děti 子どもたちの心配

úspěch　1. 成功　2. 業績

1109　prach の変化

	1（主）	2（生）	3（与）	4（対）	5（呼）	6（前置）	7（造）
単	prach	-u	-u	prach	prachu	-u	-em
複	-y	-ů	-ům	-y	-y	prachách	-y

ch で終わる語。単数 5 格（呼格）語尾は u、単数 6 格（前置格）の語尾は u のみ、複数 6 格（前置格）形は chách。

prach　1. ほこり、ちり　vrstva prachu na nábytku 家具の上につもったほこり　2. 粉末

1110　vzduch の変化

	1（主）	2（生）	3（与）	4（対）	5（呼）	6（前置）	7（造）
単	vzduch	-u	-u	vzduch	vzduchu	-u	-em
複	-y	-ů	-ům	-y	-y	vzduchách / vzduších	-y

ch で終わる語。単数５格（呼格）語尾は u、単数６格（前置格）の語尾は u のみ、複数６格（前置格）形は chách と ších のバリエーション。

vzduch　（単）1. 空気、空中　tlak vzduchu 気圧　2. 戸外

1111　例：dárek「贈り物」(-bek, -dek, -lek, -mek, -nek, -rek, -sek, -tek, -vek)

	1（主）	2（生）	3（与）	4（対）	5（呼）	6（前置）	7（造）
単	dárek	dárku	dárku	dárek	dárku	dárku	dárkem
複	dárky	dárků	dárkům	dárky	dárky	dárcích	dárky

ek で終わる語。単数１格（主格）形の後から２番目にある e が、語尾がつくと消える。単数５格（呼格）語尾は u、単数６格（前置格）の語尾は u のみ、複数６格（前置格）形は cích。

< -bek >

výrobek　製品

< -dek >

důsledek　結果、効果

následek　結果

pořádek　秩序、規律　v pořádku 大丈夫、きちんとして、無事に

výsledek　結果、計算結果、効果

žaludek　胃

< -lek >

celek　全体

šálek　カップ

< -mek >

pozemek　（分割した）土地、地所

snímek　1. 写真　2. 映画

zámek　1. 城、館　2. 錠

< -nek >

článek　1.（鎖の）輪　2. 論文、記事

odpočinek　休憩

< -rek >

dárek　贈り物、プレゼント

< -sek >

písek　砂

< -tek >
dostatek　充分
lístek　1. 切符、券、入場券　2. はがき
majetek　財産
nedostatek　1. 欠陥、欠如、不足　2. 欠点
pátek　金曜日　v pátek 金曜日に
počátek　始め、始まり
poplatek　料金　poplatek za zdravotní pojištění 健康保険料
smutek　1. 悲しみ、喪　2. 喪服
svátek　祭日、祝日
začátek　始め、始まり
zbytek　残り、残余
< -vek >
požadavek　1. 要求、請求　2. 必要条件
prvek　1. 要素　2. 元素
příspěvek　1. 貢献　2. 寄付、寄付金　3. 寄稿
<単数形名詞>
nábytek　家具

※ oblek, úsek → 1105, čtvrtek → 1127, prostředek → 1136, kousek → 1137

1112　sníh の変化

	1（主）	2（生）	3（与）	4（対）	5（呼）	6（前置）	7（造）
単	sníh	sněhu	sněhu	sníh	sněhu	sněhu	sněhem
複	sněhy	sněhů	sněhům	sněhy	sněhy	snězích	sněhy

h で終わる語。語幹の母音 í は語尾がつくと ě に交替する。単数 5 格（呼格）語尾は u、単数 6 格（前置格）の語尾は u のみ、複数 6 格（前置格）形は zích。

sníh　雪　Padá sníh. 雪が降る。

1113　hotel の変化

	1（主）	2（生）	3（与）	4（対）	5（呼）	6（前置）	7（造）
単	hotel	-u	-u	hotel	-e	-u	-em
複	-y	-ů	-ům	-y	-y	hotelech / hotelích	-y

単数6格（前置格）の語尾は u のみ、複数6格（前置格）形に ech と ích のバリエーション。

hotel　ホテル　bydlet v hotelu ホテルに滞在する

1114　例：hrad「城」(-d, -m, -n, -t, -v)

	1（主）	2（生）	3（与）	4（対）	5（呼）	6（前置）	7（造）
単	hrad	-u	-u	hrad	-e	hradě / hradu	-em
複	-y	-ů	-ům	-y	-y	-ech	-y

単数6格（前置格）の語尾に ě と u のバリエーション。

< -d >

bod　点、ポイント

doklad　1. 証明書、書類　2. 証拠

důchod　年金、年金生活

hlad　飢え、空腹

hrad　城

led　氷

obchod　1. 店　2. ビジネス、商取引、貿易、商売

odjezd　（乗り物の・乗り物での）出発、発車

pád　1. 落下　pád z koně 落馬　2. 失脚　3.（文法）格

pořad　1. プログラム、番組　2. 順

proud　流れ、潮流

překlad　翻訳　překlad do japonštiny 日本語訳

příklad　1. 例　2. 計算問題

případ　1. 場合　2. 症例　3. 件、事件

rod　1. 氏族、～家　2.（文法）性　3.（文法）態

řád　1. 規律　2. 教団

schod　1. 段　2.（複）階段

sklad　1. 倉庫　2. 貯蔵品

soud　1. 裁判所　2. 裁判

úřad　1. 役所　na úřad 役所へ　2. 官職

úvod　1. 序章　2. 入門

víkend　週末　o víkendu 週末に

východ　1. 出口　východ z nádraží 駅の出口　2. 東　na východě 東で・に

základ　基礎、基本

západ　西　na západě 西で・に

závod　1. 工場　2. レース、競走

< -m >

strom　木

< -n >

bazén　プール

benzin　ガソリン

region　地方、地域

román　小説

stadion / stadión　スタジアム

< -t >

argument　論拠

byt　住居、アパート、マンション

dokument　書類、文書

fotoaparát　カメラ(単数6格は語尾 -u がずっと多い)

kabát　オーバー、コート

koncert　1. コンサート　2. 協奏曲、コンチェルト

list　1. (木の)葉　2. (紙などの)一枚　3. ～証

moment　一瞬、瞬間　Moment, prosím. 少々お待ちください。

parlament　1. 国会、議会　2. 国会議事堂

pobyt　滞在

projekt　企画

prst　指

předmět　1. 物　2. 科目　3. 目的語

referát　レポート、報告書

sešit　ノート

subjekt　1. 主体　2. 主語

výlet　遠足

< -v >

ústav　1. 研究所　2. 公共機関、施設

1115　例：dopis「手紙」(-l, -s, -z)

	1 (主)	2 (生)	3 (与)	4 (対)	5 (呼)	6 (前置)	7 (造)
単	dopis	-u	-u	dopis	-e	dopise / dopisu	-em
複	-y	-ů	-ům	-y	-y	-ech	-y

l, s, z で終わる語。単数6格(前置格)の語尾に e と u のバリエーション。

< -l >

díl　1. 部分　2.（書籍の）巻　3. 部品

festival　祭典、フェスティバル

fotbal　サッカー

kanál　1. 下水道、運河　2. チャンネル

materiál　材料、原料、資料

podíl　分け前

rozdíl　差異、区別、違い

sál　ホール、広間

úkol　任務、職務、課題

vrchol　頂点、ピーク

< -s >

autobus　バス

čas　1. 時、時間　2. 時制

časopis　雑誌

dopis　手紙

hlas　1. 声　2.（楽曲の）パート　3. 票

kongres　総会、会議

kus　1. 一片、かけら　2. 〜個　3. 芸術作品

nápis　掲示

nos　鼻

okres　区、管区、地区

pas　パスポート、認可証

pás　ベルト、ベルト地帯

podpis　署名、サイン

pokus　1. 企て　2. 実験　pokus na zvířatech 動物実験　3. 習作

popis　記述、描写

proces　1. 過程　2. 裁判、審理

předpis　1. 処方箋　2. 規定、規則

rozhlas　1.（ラジオ）放送　2. ラジオ局

souhlas　賛成、同意

tenis　テニス

vlas　毛、髪

zápas　試合

< -z >

dotaz　質問

důkaz　証拠

kurz　1. 講座　2. レート　3. 針路、コース

obraz　1. 絵画、絵、図　2. 光景

provoz　1. 営業　2. 稼働　3. 交通、往来

příkaz　命令、指令

svaz　連合、連邦

výraz　表情、表現

vzkaz　伝言、ことづけ

1116　papír の変化

	1（主）	2（生）	3（与）	4（対）	5（呼）	6（前置）	7（造）
単	papír	-u	-u	papír	-e	papíře / papíru	-em
複	-y	-ů	-ům	-y	-y	-ech	-y

単数 6 格（前置格）形に ře と ru のバリエーション。

papír　1. 紙　existovat jen na papíře 実在しない　2.（複）書類

1117　účet の変化

	1（主）	2（生）	3（与）	4（対）	5（呼）	6（前置）	7（造）
単	účet	účtu	účtu	účet	účte	účtě / účtu	účtem
複	účty	účtů	účtům	účty	účty	účtech	účty

単数 1 格（主格）形の後から 2 番目にある e が、語尾がつくと消える。単数 6 格（前置格）の語尾に ě と u のバリエーション。

účet　1. 口座　2. 請求書、勘定書　Účet, prosím. お勘定をお願いします。
3. 出費

1118　例：mráz「霜」

	1（主）	2（生）	3（与）	4（対）	5（呼）	6（前置）	7（造）
単	mráz	mrazu	mrazu	mráz	mraze	mrazu / mraze	mrazem
複	mrazy	mrazů	mrazům	mrazy	mrazy	mrazech	mrazy

語幹の母音 á は語尾がつくと a に交替する。単数 6 格（前置格）の語尾に e と u のバリエーション。

mráz　1. 霜　2. 氷結　3.（複）厳寒　　pás / pas　ウエスト

1119　důmの変化

	1（主）	2（生）	3（与）	4（対）	5（呼）	6（前置）	7（造）
単	dům	domu	domu	dům	dome	domě / domu	domem
複	domy	domů	domům	domy	domy	domech	domy

語幹の母音ůは語尾がつくとoに交替する。単数6格（前置格）の語尾にěとuのバリエーション。

dům　1. 家　rodinný dům 一戸建ての家　2. アパート　3. 故郷

1120　例：stůl「机」

	1（主）	2（生）	3（与）	4（対）	5（呼）	6（前置）	7（造）
単	stůl	stolu	stolu	stůl	stole	stole / stolu	stolem
複	stoly	stolů	stolům	stoly	stoly	stolech	stoly

語幹の母音ůは語尾がつくとoに交替する。単数6格（前置格）の語尾にeとuのバリエーション。

stůl　机、テーブル

vůz　1. 車両　2. 車、自動車

1121　mostの変化

	1（主）	2（生）	3（与）	4（対）	5（呼）	6（前置）	7（造）
単	most	-u	-u	most	-e	mostě	-em
複	-y	-ů	-ům	-y	-y	-ech	-y

単数6格（前置格）の語尾はěのみ。

most　橋

1122　例：zákon「法律」

	1（主）	2（生）	3（与）	4（対）	5（呼）	6（前置）	7（造）
単	zákon	zákona	-u	zákon	-e	zákoně / zákonu	-em
複	-y	-ů	-ům	-y	-y	-ech	-y

単数2格(生格)語尾 a、単数6格(前置格)の語尾に ě と u のバリエーション。

hřbitov　墓地　na hřbitově 墓地で

zákon　1. 法律　2. 法則　3. 掟

＜単数形名詞＞

venkov　田舎、地方　na venkově 地方で

1123　chléb / chleba の変化

	1（主）	2（生）	3（与）	4（対）	5（呼）	6（前置）	7（造）
単	chléb / chleba	chleba	chlebu	chléb / chleba	chlebe	chlebě / chlebu	chlebem
複	chleby	chlebů	chlebům	chleby	chleby	chlebech	chleby

chléb / chleba　パン

1124　例：jazyk「言語」

	1（主）	2（生）	3（与）	4（対）	5（呼）	6（前置）	7（造）
単	jazyk	jazyka	-u	jazyk	-u	jazyku / jazyce	-em
複	-y	-ů	-ům	-y	-y	jazycích	-y

k で終わり単数2格（生格）語尾が a となる語。単数6格（前置格）形に ku と ce のバリエーション、複数6格（前置格）形 cích。

jazyk　1. 舌　2. 言語

potok　小川

1125　例：večer「夕方」

	1（主）	2（生）	3（与）	4（対）	5（呼）	6（前置）	7（造）
単	večer	večera	-u	večer	-e	-u	-em
複	-y	-ů	-ům	-y	-y	-ech	-y

単数2格（生格）語尾a、単数6格（前置格）語尾uのみ。

únor　2月　v únoru 2月に　　večer　1. 夕方、夜、晩　2. 夜会

1126　例：říjen「10月」

	1（主）	2（生）	3（与）	4（対）	5（呼）	6（前置）	7（造）
単	říjen	října	říjnu	říjen	říjne	říjnu	říjnem
複	říjny	říjnů	říjnům	říjny	říjny	říjnech	říjny

enで終わる月の名称。単数1格（主格）形の後から2番目にあるeが、語尾がつくと消える。単数2格（生格）語尾a、単数6格（前置格）語尾uのみ。

březen　3月　v březnu 3月に
červen　6月　v červnu 6月に
duben　4月　v dubnu 4月に
květen　5月　v květnu 5月に
leden　1月　v lednu 1月に
říjen　10月　v říjnu 10月に
srpen　8月　v srpnu 8月に

※上記以外の月の名称は、2月 únor → 1125, 7月 červenec, 12月 prosinec → 1141, 11月 listopad → 1101, 9月 září → 1336。

1127　čtvrtekの変化

	1（主）	2（生）	3（与）	4（対）	5（呼）	6（前置）	7（造）
単	čtvrtek	čtvrtka	čtvrtku	čtvrtek	čtvrtku	čtvrtku	čtvrtkem
複	čtvrtky	čtvrtků	čtvrtkům	čtvrtky	čtvrtky	čtvrtcích	čtvrtky

単数1格（主格）形の後から2番目にあるeが、語尾がつくと消える。単数2格（生格）語尾a、単数6格（前置格）語尾uのみ、複数6格（前置格）形cích。

čtvrtek　木曜日　ve čtvrtek 木曜日に

1128　例：oběd「昼食」

	1（主）	2（生）	3（与）	4（対）	5（呼）	6（前置）	7（造）
単	oběd	oběda	-u	oběd	-e	obědě	-em
複	-y	-ů	-ům	-y	-y	-ech	-y

単数2格（生格）語尾a、単数6格（前置格）の語尾ěのみ。

oběd　昼食　čas na oběd 昼食の時間

ostrov　島

svět　世界、世間

život　1. 生活　2. 生命、命　3. 人生　celý život 一生

1129　klášterの変化

	1（主）	2（生）	3（与）	4（対）	5（呼）	6（前置）	7（造）
単	klášter	kláštera	-u	klášter	-e	klášteře	-em
複	-y	-ů	-ům	-y	-y	-ech	-y

単数2格（生格）語尾a、単数6格（前置格）形ře。

klášter　修道院　do kláštera 修道院へ

1130　dvůrの変化

	1（主）	2（生）	3（与）	4（対）	5（呼）	6（前置）	7（造）
単	dvůr	dvora	dvoru	dvůr	dvore	dvoře	dvorem
複	dvory	dvorů	dvorům	dvory	dvory	dvorech	dvory

語幹の母音ůは語尾がつくとoに交替する。単数2格（生格）語尾a、単

数6格（前置格）形 ře。

dvůr　1. 中庭　na dvoře 中庭で　2. 宮廷

1131　tábor の変化

	1（主）	2（生）	3（与）	4（対）	5（呼）	6（前置）	7（造）
単	tábor	tábora	-u	tábor	-e	táboru / táboře	-em
複	-y	-ů	-ům	-y	-y	-ech	-y

単数2格（生格）語尾 a、単数6格（前置格）形に ru と ře のバリエーション。

tábor　1. キャンプ　2. 収容所　3. 陣営　být ve stejném táboře 同じ陣営にいる、味方だ

1132　kostel の変化

	1（主）	2（生）	3（与）	4（対）	5（呼）	6（前置）	7（造）
単	kostel	kostela	-u	kostel	-e	kostele	-em
複	-y	-ů	-ům	-y	-y	kostelech / kostelích	-y

単数2格（生格）語尾 a、単数6格（前置格）の語尾 e のみ、複数6格（前置格）形に ech と ích のバリエーション。

kostel　教会　v kostele 教会で

1133　les の変化

	1（主）	2（生）	3（与）	4（対）	5（呼）	6（前置）	7（造）
単	les	lesa	-u	les	-e	lese	-em
複	-y	-ů	-ům	-y	-y	lesích	-y

単数２格（生格）語尾 a、単数６格（前置格）語尾 e、複数６格（前置格）語尾 -ích。

les　森、森林　jít do lesa na houby キノコ狩りに森へ行く

1134　sýr の変化

	1（主）	2（生）	3（与）	4（対）	5（呼）	6（前置）	7（造）
単	sýr	sýra / sýru	-u	sýr	-e	-u	-em
複	-y	-ů	-ům	-y	-y	-ech	-y

単数２格（生格）語尾に a と u のバリエーション。単数６格（前置格）語尾 u のみ。

sýr　チーズ　být bílý jako sýr まったく日焼けをしていない

1135　národ の変化

	1（主）	2（生）	3（与）	4（対）	5（呼）	6（前置）	7（造）
単	národ	národa / národu	-u	národ	-e	národě / národu	-em
複	-y	-ů	-ům	-y	-y	-ech	-y

単数２格（生格）語尾に a と u のバリエーション、単数６格（前置格）語尾に ě と u のバリエーション。

národ　民族、国民　český národ チェコ民族

1136　prostředek の変化

	1（主）	2（生）	3（与）	4（対）	5（呼）	6（前置）	7（造）
単	prostřed -ek	prostředka / prostředku	prostřed -ku	prostřed -ek	prostřed -ku	prostřed -ku	prostřed -kem
複	prostřed -ky	prostřed -ků	prostřed -kům	prostřed -ky	prostřed -ky	prostřed -cích	prostřed -ky

単数1格（主格）形の後から2番目にあるeが、語尾がつくと消える。単数2格（生格）語尾にaとuのバリエーション、単数6格（前置格）語尾uのみ、複数6格（前置格）形cích。

prostředek　1.まんなか　jít prostředkem cesty 道のまんなかを行く　2.手段　3.（複）資金

1137　kousekの変化

	1（主）	2（生）	3（与）	4（対）	5（呼）	6（前置）	7（造）
単	kousek	kouska / kousku	kousku	kousek	kousku	kousku	kouskem
複	kousky	kousků	kouskům	kousky	kousky	kouscích / kouskách	kousky

単数1格（主格）形の後から2番目にあるeが、語尾がつくと消える。単数2格（生格）語尾にaとuのバリエーション、単数6格（前置格）語尾uのみ、複数6格（前置格）形にcíchとkáchのバリエーション。

kousek　一片、かけら、断片　Je to odtud jenom kousek. ここからすぐそこだ。

1138　senの変化

	1（主）	2（生）	3（与）	4（対）	5（呼）	6（前置）	7（造）
単	sen	snu / ze sna	snu	sen	sne	snu	snem
複	sny	snů	snům	sny	sny	snech / ve snách	sny

sen　夢　probudit se ze sna 夢から覚める

※ ze snaとve snáchは固定表現。

1139　rok の変化

	1（主）	2（生）	3（与）	4（対）	5（呼）	6（前置）	7（造）
単	rok	roka / roku	roku	rok	roku	roce / roku	rokem
複	roky	roků	rokům	roky	roky	rocích	roky
	léta	let	létům / letům	léta	léta	létech / letech	léty / lety

rok　年、〜歳　z roku na rok 毎年毎年

※複数形の下段は文語的、1309 の複数形と同じ変化。

無語尾軟変化型不活動体

無語尾軟変化型不活動体タイプ一覧

番号	例	ページ
1140	stroj	23
1141	palec	24
1142	oheň	25
1143	nůž	25

番号	例	ページ
1144	déšť	25
1145	cíl	26
1146	peníze	26

単数１格（主格）形が軟子音で終わり、人・動物以外の意味をもつ。

1140　例：stroj「機械」(-c, -č, -j, -ř, -ž)

	1（主）	2（生）	3（与）	4（対）	5（呼）	6（前置）	7（造）
単	stroj	-e	-i	stroj	-i	-i	-em
複	-e	-ů	-ům	-e	-e	-ích	-i

基本の変化型である。語幹の形が変わることなく語尾がつく。

< -c >

měsíc　1.(天体の) 月　2.(暦の) 月

palác　1. 宮殿　2. 公共の目的のために用いられる大きな建物

< -č >

klíč　1. 鍵　klíč od auta 車のキー　2. スパナ、レンチ　3. 手掛かり

míč　ボール、球

počítač　コンピューター

< -j >

boj　1. 戦い　2. 闘争　boj o moc 権力闘争

čaj　1. 茶　2. 茶葉

kraj　1. 端　2. 始め　3. 地方

nápoj　飲み物、飲料

nástroj　1. 道具　2. 楽器

obličej　顔

okraj　1. 縁、端　2. 周辺

olej　油、オイル

pokoj　1. 部屋　2. 平穏、静けさ

přístroj　器械、装置

ráj　天国、楽園

rozvoj　発展

stroj　機械

turnaj　1. トーナメント　2. 馬上試合

údaj　データ、情報　osobní údaje 個人情報

výdaj　費用　výdaje na výzkum 研究費、調査費

vývoj　発展、発達

zdroj　1. 源　2. 出所

< -ř >

haléř　ハレーシュ（コルナの下の通貨単位）

talíř　皿

< -ž >

kříž　1. 十字　2. 十字架　3. 腰

1141　例：palec「親指」

	1（主）	2（生）	3（与）	4（対）	5（呼）	6（前置）	7（造）
単	palec	palce	palci	palec	palci	palci	palcem
複	palce	palců	palcům	palce	palce	palcích	palci

ecで終わる語。単数1格（主格）形の後から2番目にあるeが、語尾がつくと消える。

červenec　7月　v červenci 7月に

konec　1. 終わり、終了　2. 端　3. 死

kopec　1. 丘　2. 坂

palec　1. 親指　2. インチ（約2.5センチ）

prosinec　12月　v prosinci 12月に

rámec　枠、枠組み

tanec　踊り、ダンス

1142　例：oheň「火」

	1（主）	2（生）	3（与）	4（対）	5（呼）	6（前置）	7（造）
単	oheň	ohně	ohni	oheň	ohni	ohni	ohněm
複	ohně	ohňů	ohňům	ohně	ohně	ohních	ohni

eňで終わる語。単数1格（主格）形の後から2番目にあるeが、語尾がつくと消える。単数2格（生格）語尾はハーチェクがついてě。

oheň　火、火事　　stupeň　1. 段　2. 段階　3. 度

1143　nůžの変化

	1（主）	2（生）	3（与）	4（対）	5（呼）	6（前置）	7（造）
単	nůž	nože	noži	nůž	noži	noži	nožem
複	nože	nožů	nožům	nože	nože	nožích	noži

語幹の母音ůは語尾がつくとoに交替する。

nůž　ナイフ、包丁　nůž na papír ペーパーナイフ

1144　déšť の変化

	1（主）	2（生）	3（与）	4（対）	5（呼）	6（前置）	7（造）
単	déšť	deště	dešti	déšť	dešti	dešti	deštěm
複	deště	dešťů	dešťům	deště	deště	deštích	dešti

語幹の母音éは語尾がつくとeに交替する。単数2格（生格）語尾はハーチェクがついてě。

déšť　雨　období dešťů 雨季

1145　cíl の変化

	1（主）	2（生）	3（与）	4（対）	5（呼）	6（前置）	7（造）
単	cíl	-e	-i	cíl	-i	-i	-em
複	-e	-ů	-ům	-e	-e	cílech	-i

複数 6 格（前置格）形 ech。

cíl　1. 目標　cíl cesty 旅行の行き先　2.（競走などの）ゴール

1146　複数形名詞 peníze の変化

1（主）	2（生）	3（与）	4（対）	5（呼）	6（前置）	7（造）
peníze	peněz	penězům	peníze	peníze	penězích	penězi

peníze　お金　hotové peníze 現金

硬軟混合タイプの不活動体

無語尾硬軟変化混合型不活動体タイプ一覧

番号	例	ページ
1147	pramen	26
1148	kámen	27
1149	den	27

番号	例	ページ
1150	týden	27
1151	loket	28

一部に硬変化型の語尾と軟変化型の語尾の両方をもつ。意味は、人・動物以外。

1147　例：pramen「泉」

	1（主）	2（生）	3（与）	4（対）	5（呼）	6（前置）	7（造）
単	pramen	pramene / pramenu	prameni / pramenu	pramen	prameni / pramene	prameni / pramenu	pramenem
複	-y	-ů	-ům	-y	-y	-ech	-y

単数形の語尾に、硬変化語尾と軟変化語尾の両方が見られる。複数形は硬変化型の語尾。

kmen　1. 幹　2. 族　3. 語幹

pramen　1. 泉、水源　2. 情報源

kořen　1. 根　2. 原因

1148　kámen の変化

	1（主）	2（生）	3（与）	4（対）	5（呼）	6（前置）	7（造）
単	kámen	kamene / kamenu	kameni / kamenu	kámen	kameni / kamene	kameně / kameni / kamenu	kamenem
複	kameny	kamenů	kamenům	kameny	kameny	kamenech	kameny

語幹の母音 á は語尾がつくと a に交替する。単数形の語尾に、硬変化語尾と軟変化語尾の両方が見られる。複数形は硬変化型の語尾。

kámen　石

1149　den の変化

	1（主）	2（生）	3（与）	4（対）	5（呼）	6（前置）	7（造）
単	den	dne	dni / dnu	den	dni	dni / dnu / ve dne	dnem
複	dni / dny	dní / dnů	dnům	dni / dny	dni / dny	dnech	dny

単数 1 格（主格）形の後から 2 番目にある e が、語尾がつくと消える。単数形・複数形ともに硬変化語尾と軟変化語尾が見られる。

den　1. 日（24 時間）　2. 昼、昼間（日の出から日没まで）

※ ve dne は固定表現。

1150　týden の変化

	1（主）	2（生）	3（与）	4（対）	5（呼）	6（前置）	7（造）
単	týden	týdne	týdni / týdnu	týden	týdni	týdni / týdnu	týdnem
複	týdny	týdnů	týdnům	týdny	týdny	týdnech	týdny

単数1格(主格)形の後から2番目にあるeが、語尾がつくと消える。単数形の語尾に、硬変化語尾と軟変化語尾の両方が見られる。複数形は硬変化型の語尾。

týden　週

1151　loketの変化

	1（主）	2（生）	3（与）	4（対）	5（呼）	6（前置）	7（造）
単	loket	loktu / lokte	loktu / lokti	loket	lokti	loktu / lokti / loktě	loktem
複	lokty / lokte	loktů	loktům	lokty / lokte	lokty / lokte	loktech	lokty

単数1格(主格)形の後から2番目にあるeが、語尾がつくと消える。単数形・複数形ともに硬変化語尾と軟変化語尾が見られる。

loket　1. 肘　2. 長さの単位

※複数1格(主格)・4格(対格)・5格(呼格)は意味によってとる語尾が異なる。lokty：肘、lokte：長さの単位

無語尾硬変化型活動体

無語尾硬変化型活動体タイプ一覧

番号	例	ページ
1152	student	29
1153	autor	29
1154	mistr	30
1155	dělník	30
1156	hoch	31
1157	šéf	31
1158	syn	32
1159	expert	32

番号	例	ページ
1160	pes	32
1161	pán	33
1162	vnuk	33
1163	Čech	33
1164	tatínek	34
1165	bůh	34
1166	občan	35

単数1格（主格）形が硬子音で終わり、人あるいは動物を意味する。

1152　例：student「学生」

	1（主）	2（生）	3（与）	4（対）	5（呼）	6（前置）	7（造）
単	student	-a	-ovi / -u	-a	-e	-ovi / -u	-em
複	-i	-ů	-ům	-y	-i	-ech	-y

基本の変化型である。語幹の形が変わることなく語尾がつく。複数1格語尾は i のみ。

klient　顧客、クライアント
pacient　患者
prezident　1. 大統領　2. 会長、頭取など重要な組織のトップにある人
student　学生
＜単数形名詞＞
pan　～さん

1153　例：autor「著者」（-er, -ér, -or, -our, -ýr）

	1（主）	2（生）	3（与）	4（対）	5（呼）	6（前置）	7（造）
単	autor	-a	-ovi / -u	-a	-e	-ovi / -u	-em
複	autoři	-ů	-ům	-y	autoři	-ech	-y

r で終わる語。複数1格（主格）形 ři。

＜ -er, -ér ＞
manažer　1. 経営者　2. 支配人、マネージャー
partner　パートナー、相手
premiér　首相、総理大臣
režisér　（映画や演劇の）監督
trenér　コーチ、トレーナー

＜ -or ＞
autor　1. 著者、作者　2.（計画などの）立案者
doktor　1. 医師　2. 博士
investor　投資家、投資者
profesor　教授、高校教師

< -our >

kocour　猫

< -ýr >

inženýr　1. 技師　2. 工学士、経済学士

1154　例：mistr「達人」

	1（主）	2（生）	3（与）	4（対）	5（呼）	6（前置）	7（造）
単	mistr	-a	-ovi / -u	-a	mistře	-ovi / -u	-em
複	mistři	-ů	-ům	-y	mistři	-ech	-y

単数5格（呼格）形 ře、複数1格（主格）形 ři。

ministr　大臣

mistr　1. 達人、名人　2. チャンピオン

1155　例：dělník「労働者」（-ák, -ík, -uk）

	1（主）	2（生）	3（与）	4（対）	5（呼）	6（前置）	7（造）
単	dělník	-a	-ovi / -u	-a	dělníku	-ovi / -u	-em
複	dělníci	-ů	-ům	-y	dělníci	dělnících	-y

k で終わる語。単数5格（呼格）語尾 u、複数1格（主格）形 ci、複数6格（前置格）形 cích。

< -ák >

divák　1. 観客、視聴者　2. 見物人

pták　鳥

voják　兵士

zpěvák　歌手

žák　生徒

< -ík >

básník　詩人

dělník　1. 労働者　2. はたらき蟻

důstojník　将校、士官

hudebník　音楽家、ミュージシャン

mladík　若者、青年

návštěvník　訪問者、来訪者

obchodník　1. 商人　2. ビジネスマン　3. 店主

odborník　専門家

pracovník　労働者、勤労者
právník　法律家、法律の専門家
příslušník　メンバー、一員
tajemník　1. 秘書　2. 書記官、事務官
účastník　参加者
úředník　1. 役人、公務員　2. 事務員
vlastník　所有者、持ち主
zákazník　顧客、客
< -uk >
kluk　1. 男の子（口語）　2. ボーイフレンド

1156　hoch の変化

	1（主）	2（生）	3（与）	4（対）	5（呼）	6（前置）	7（造）
単	hoch	-a	-ovi / -u	-a	hochu	-ovi / -u	-em
複	hoši	-ů	-ům	-y	hoši	hoších	-y

ch で終わる語。単数 5 格（呼格）語尾 u、複数 1 格（主格）形 ši、複数 6 格（前置格）形 ších。

hoch　1. 少年　2. 男　ostrý hoch タフガイ　3. ボーイフレンド

※単数 1 格（主格）形が h で終わり複数 1 格（主格）・6 格（前置格）でこの h が z に交替する語は本書では取り上げていません。

1157　例：šéf「上司」

	1（主）	2（生）	3（与）	4（対）	5（呼）	6（前置）	7（造）
単	šéf	-a	-ovi / -u	-a	-e	-ovi / -u	-em
複	šéfové	-ů	-ům	-y	šéfové	-ech	-y

複数 1 格（主格）語尾 ové のみ。

člen　メンバー、一員
model　モデル
šéf　上司、責任者

1158　syn の変化

	1（主）	2（生）	3（与）	4（対）	5（呼）	6（前置）	7（造）
単	syn	-a	-ovi / -u	-a	synu	-ovi / -u	-em
複	synové	-ů	-ům	-y	synové	-ech	-y

単数5格（呼格）語尾 u、複数1格（主格）語尾 ové のみ。

syn　1. 息子　jediný syn 一人息子　2. 子孫

1159　例：expert「専門家」

	1（主）	2（生）	3（与）	4（対）	5（呼）	6（前置）	7（造）
単	expert	-a	-ovi / -u	-a	-e	-ovi / -u	-em
複	experti / expertové	-ů	-ům	-y	experti / expertové	-ech	-y

複数1格（主格）形語尾に i と ové のバリエーション。

advokát　弁護士、弁護人

čert　悪魔

expert　専門家、エキスパート

chlap　人、男

kamarád　友人、仲間

kandidát　候補者　kandidát na poslance 議員候補

1160　pes の変化

	1（主）	2（生）	3（与）	4（対）	5（呼）	6（前置）	7（造）
単	pes	psa	psovi / psu	psa	pse	psovi / psu	psem
複	psi / psové	psů	psům	psy	psi / psové	psech	psy

単数1格（主格）形の後から2番目にある e が、語尾がつくと消える。複数1格（主格）形語尾に i と ové のバリエーション。

pes　犬　Pozor, zlý pes. 猛犬注意。

1161　pán の変化

	1（主）	2（生）	3（与）	4（対）	5（呼）	6（前置）	7（造）
単	pán	-a	-ovi / -u	-a	pane	-ovi / -u	-em
複	páni / pánové	-ů	-ům	-y	páni / pánové	-ech	-y

単数5格（呼格）で á が a に交替する。複数1格（主格）形語尾に i と ové のバリエーション。

pán　1. 男の人、紳士　Dámy a pánové! みなさん！　2. 主人、飼い主

1162　例：vnuk「孫」

	1（主）	2（生）	3（与）	4（対）	5（呼）	6（前置）	7（造）
単	vnuk	-a	-ovi / -u	-a	vnuku	-ovi / -u	-em
複	vnuci / vnukové	-ů	-ům	-y	vnuci / vnukové	vnucích	-y

k で終わる語。単数5格（呼格）語尾 u、複数1格（主格）形に ci と kové のバリエーション、複数6格（前置格）形 cích。

politik　政治家　　　　vnuk　孫

1163　Čech の変化

	1（主）	2（生）	3（与）	4（対）	5（呼）	6（前置）	7（造）
単	Čech	-a	-ovi / -u	-a	Čechu	-ovi / -u	-em
複	Češi / Čechové	-ů	-ům	-y	Češi / Čechové	Češích	-y

ch で終わる語。単数5格（呼格）語尾 u、複数1格（主格）形に ši と chové のバリエーション、複数6格（前置格）形 ších。

Čech　チェコ人　Češi rádi pijí pivo. チェコ人はビールを好んで飲む。

※単数1格（主格）形がhで終わり複数1格（主格）・6格（前置格）でこのhがzに交替する語は本書では取り上げていません。

1164　例：tatínek「お父さん」

	1（主）	2（生）	3（与）	4（対）	5（呼）	6（前置）	7（造）
単	tatínek	tatínka	tatínkovi / tatínku	tatínka	tatínku	tatínkovi / tatínku	tatínkem
複	tatínci / tatínkové	tatínků	tatínkům	tatínky	tatínci / tatínkové	tatíncích	tatínky

ekで終わる語。単数1格（主格）形の後から2番目にあるeが、語尾がつくと消える。単数5格（呼格）語尾u、複数1格（主格）形にciとkovéのバリエーション、複数6格（前置格）形cích。

dědeček　祖父、おじいさん
náměstek　1. 代理　2. 次長、次官
svědek　証人、目撃者
tatínek　お父さん

1165　bůhの変化

	1（主）	2（生）	3（与）	4（対）	5（呼）	6（前置）	7（造）
単	bůh	boha	bohovi / bohu	boha	bože	bohovi / bohu	bohem
複	bohové / bozi	bohů	bohům	bohy	bohové / bozi	bozích	bohy

語幹の母音ůは語尾がつくとoに交替する。単数5格（呼格）形že、複数1格（主格）形にhovéとziのバリエーション、複数6格（前置格）形zích。

bůh, Bůh　神　Bůh ví! 知るもんか！

1166　例：občan「市民」

	1（主）	2（生）	3（与）	4（対）	5（呼）	6（前置）	7（造）
単	občan	-a	-ovi / -u	-a	-e	-ovi / -u	-em
複	občané	-ů	-ům	-y	občané	-ech	-y

複数1格（主格）語尾éのみ。

občan　市民、国民

soused　1. 隣人、近所の人　2. そばにいる人

意味によって活動体・不活動体の両方の変化をする無語尾硬変化型の男性名詞

1167　duchの変化

＜活動体＞

	1（主）	2（生）	3（与）	4（対）	5（呼）	6（前置）	7（造）
単	duch	-a	-ovi / -u	-a	duchu	-ovi / -u	-em
複	duchové	-ů	-ům	-y	duchové	duších / duchách	-y

duch　霊、傑出した個性（文語）

※「傑出した個性」という意味の単数3格（与格）・6格（前置格）の語尾はuのみ。

＜不活動体＞

	1（主）	2（生）	3（与）	4（対）	5（呼）	6（前置）	7（造）
単	duch	-a	-u	duch	duchu	-u	-em
複	-y	-ů	-ům	-y	-y	duších / duchách	-y

duch　精神、能力、性格

無語尾軟変化型活動体

無語尾軟変化型活動体タイプ一覧

番号	例	ページ
1168	lékař	36
1169	cizinec	37
1170	muž	37
1171	strýc	38
1172	král	38
1173	otec	38

番号	例	ページ
1174	učitel	39
1175	kůň	39
1176	obyvatel	40
1177	přítel	40
1178	rodiče	40

単数1格(主格)形が軟子音で終わり、人あるいは動物を意味する。上の一覧のうち、1175から1178のタイプに属す語は、特殊な変化をする。

1168　例：lékař「医師」(-č, -j, -ř)

	1(主)	2(生)	3(与)	4(対)	5(呼)	6(前置)	7(造)
単	lékař	-e	-i / -ovi	-e	-i	-i / -ovi	-em
複	-i	-ů	-ům	-e	-i	-ích	-i

基本の変化型である。語幹の形が変わることなく語尾がつく。複数1格語尾はiのみ。単数1格(主格)形の末尾は以下の通り。

< -č >

hráč　1. 選手、競技者　2. 奏者
　3. 投機や賭けごとをする人

prodavač　店員

řidič　運転手

< -j >

zloděj　泥棒

< -ř >

čtenář　読者

hospodář　1. 主人　2. 経営者

lékař　医者、医師

novinář　記者、ジャーナリスト

soupeř　競争相手、ライバル
　soupeř v zápase 対戦相手

1169　例：cizinec「外国人」(-lec, -nec, -pec, -rec, -vec)

	1（主）	2（生）	3（与）	4（対）	5（呼）	6（前置）	7（造）
単	cizinec	cizince	cizinci / cizincovi	cizince	cizinče	cizinci / cizincovi	cizincem
複	cizinci	cizinců	cizincům	cizince	cizinci	cizincích	cizinci

ec で終わる語。単数1格(主格)形の後から2番目にある e が、語尾がつくと消える。単数5格(呼格)形 če、複数1格(主格)語尾は i のみ。

< -lec >
umělec　芸術家
< -nec >
bratranec　いとこ
cizinec　1. 外国人　2. 見知らぬ人、他所者
Japonec　日本人
poslanec　議員
sourozenec　兄弟姉妹
velvyslanec　大使
zaměstnanec　従業員、職員
< -pec >
chlapec　1. 男の子、少年　2. ボーイフレンド
< -rec >
herec　俳優
< -vec >
synovec　甥

※ otec → 1173

1170　例：muž「男」

	1（主）	2（生）	3（与）	4（対）	5（呼）	6（前置）	7（造）
単	muž	-e	-i / -ovi	-e	-i	-i / -ovi	-em
複	muži / mužové	-ů	-ům	-e	muži / mužové	-ích	-i

複数1格(主格)語尾に i と ové のバリエーション。

muž　1. 男、男性　2. 夫
volič　投票者、選挙人

1171　strýcの変化

	1（主）	2（生）	3（与）	4（対）	5（呼）	6（前置）	7（造）
単	strýc	-e	-i / -ovi	-e	-i / strýče	-i / -ovi	-em
複	strýci / strýcové	-ů	-ům	-e	strýci / strýcové	-ích	-i

単数5格（呼格）形にiとčeのバリエーション、複数1格（主格）語尾にiとovéのバリエーション。

strýc　おじ、おじさん　strýc z matčiny strany 母方のおじ

1172　例：král「王」

	1（主）	2（生）	3（与）	4（対）	5（呼）	6（前置）	7（造）
単	král	-e	-i / -ovi	-e	-i	-i / -ovi	-em
複	králové	-ů	-ům	-e	králové	-ích	-i

複数1格（主格）語尾はovéのみ。

král　王、キング　　　　　　vítěz　勝者

1173　otecの変化

	1（主）	2（生）	3（与）	4（対）	5（呼）	6（前置）	7（造）
単	otec	otce	otci / otcovi	otce	otče	otci / otcovi	otcem
複	otcové	otců	otcům	otce	otcové	otcích	otci

単数1格（主格）形の後から2番目にあるeが、語尾がつくと消える。単数5格（呼格）形če、複数1格（主格）語尾はovéのみ。

otec　1. 父　Je po otci. その人は父親に似ている。 2.（複）祖先　jazyk našich otců 私たちの祖先の言語

1174　例：učitel「教師」

	1（主）	2（生）	3（与）	4（対）	5（呼）	6（前置）	7（造）
単	učitel	-e	-i / -ovi	-e	-i	-i / -ovi	-em
複	učitelé	-ů	-ům	-e	učitelé	-ích	-i

tel で終わる語。複数 1 格（主格）語尾は é のみ。

majitel　所有者、持ち主
podnikatel　事業家、企業経営者
ředitel　所長、局長、長官
spisovatel　作家
učitel　教師、先生
zaměstnavatel　雇用者

※ hotel → 1113, kostel → 1132, obyvatel → 1176, nepřítel と přítel → 1177, postel → 1238

特殊な無語尾活動体軟変化型変化

1175　kůň の変化

	1（主）	2（生）	3（与）	4（対）	5（呼）	6（前置）	7（造）
単	kůň	koně	koni / koňovi	koně	koni	koni / koňovi	koněm
複	koně / koni / koňové	koňů / koní	koňům / koním	koně	koně / koni / koňové	koních	koni / koňmi

語幹の母音 ů は語尾がつくと o に交替する。複数 1 格（主格）· 5 格（呼格）語尾 ě、複数 7 格（造格）形に koňmi もある。

kůň　馬　černý kůň ダークホース、穴馬

※罵声を浴びせるときには、複数 1 格（主格）および 5 格（呼格）で koni、koňové を用いる。

1176　obyvatel の変化

	1（主）	2（生）	3（与）	4（対）	5（呼）	6（前置）	7（造）
単	obyvatel	-e	-i / -ovi	-e	-i	-i / -ovi	-em
複	obyvatelé	obyvatel / -ů	-ům	-e	-é	-ích	-i

複数2格（生格）にゼロ語尾形もある。

obyvatel　住民、住人　celkový počet obyvatel 総人口

1177　例：přítel「友人」

	1（主）	2（生）	3（与）	4（対）	5（呼）	6（前置）	7（造）
単	přítel	-e	-i / -ovi	-e	-i	-i / -ovi	-em
複	přátelé	přátel	přátelům	přátele	přátelé	přátelích	přáteli

複数形で語幹母音 í が á に交替する。複数2格（生格）はゼロ語尾形。

nepřítel　敵

přítel　1. 友達　2. 恋人、ボーイフレンド

1178　rodiče の変化

1（主）	2（生）	3（与）	4（対）	5（呼）	6（前置）	7（造）
rodiče	rodičů	rodičům	rodiče	rodiče	rodičích	rodiči

複数1格（主格）・5格（呼格）語尾 e。

rodiče　両親　sdružení rodičů a přátel školy PTA

※単数形 rodič「親」の変化は muž と同じだが稀、複数形1格には文語形 rodičové もある。

硬軟混合タイプの活動体

どちらかの数やいずれかの格で硬変化型の語尾と軟変化型の語尾の両方を取る男性名詞として本書では以下の4つの語を紹介する。

1179　bratr の変化

	1（主）	2（生）	3（与）	4（対）	5（呼）	6（前置）	7（造）
単	bratr	-a	-ovi / -u	-a	bratře	-ovi / -u	-em
複	bratři / bratří	-ů / bratří	-ům / bratřím	-y / bratří	bratři / bratří	-ech / bratřích	-y / bratřími

bratr　1. 兄、弟　bratří Čapkové チャペック兄弟　2.（同一教会の）教会員、修道士

1180　člověk の変化

	1（主）	2（生）	3（与）	4（対）	5（呼）	6（前置）	7（造）
単	člověk	člověka	člověkovi / člověku	člověka	člověče	člověkovi / člověku	člověkem
複	lidé	lidí	lidem	lidi	lidé	lidech	lidmi

člověk　人、人間　Šaty dělají člověka. 馬子にも衣装。

1181　host の変化

	1（主）	2（生）	3（与）	4（対）	5（呼）	6（前置）	7（造）
単	host	-a	-ovi / -u	-a	-e	-ovi /-u	-em
複	hosté / (口)hosti	hostů / (文)hostí	-ům	-y	hosté / (口)hosti	-ech	-y

文体によって語尾にバリエーションがある。複数1格（主格）・5格（呼格）形の hosti は口語的、複数2格（生格）形の hostí は文語的。

host　客　čestný host 主賓

1182　manželの変化

	1（主）	2（生）	3（与）	4（対）	5（呼）	6（前置）	7（造）
単	manžel	-a	-ovi / -u	-a	manželi	-ovi /-u	-em
複	manželové / manželé	-ů	-ům	-y / manžele	manželové / manželé	-ech / manželích	-y / manželi

単数形は、基本的には硬変化型語尾だが、5格（呼格）は軟変化型の語尾iを取る。複数1格（主格）語尾はovéとé。複数4格（対格）・6格（前置格）・7格（造格）に硬変化型の語尾と軟変化型の語尾のバリエーションがある。

manžel　夫

※複数1格（主格）のmanželéは「夫婦」。manželé Novákovi ノバーク夫妻

有語尾硬変化型活動体

有語尾硬変化型活動体タイプ一覧

番号	例	ページ
1183	předseda	42
1184	kolega	43

番号	例	ページ
1185	turista	43

単数1格（主格）形がaで終わり、人を意味する。

1183　例：předseda「議長」

	1（主）	2（生）	3（与）	4（対）	5（呼）	6（前置）	7（造）
単	předsed-a	-y	-ovi	-u	-o	-ovi	-ou
複	-ové	-ů	-ům	-y	-ové	-ech	-y

基本の変化型である。語幹の形が変わることなく語尾をつけかえる。

hrdina　1. 英雄　2. 主役、主人公　　předseda　議長
místopředseda　副議長　　starosta　市長、町長

1184　kolega の変化

	1（主）	2（生）	3（与）	4（対）	5（呼）	6（前置）	7（造）
単	koleg-a	-y	-ovi	-u	-o	-ovi	-ou
複	-ové	-ů	-ům	-y	-ové	kolezích	-y

複数1格（主格）語尾 ové、6格（前置格）形 zích。

kolega　同僚　kolegové v kanceláři オフィスの同僚

1185　例：turista「観光客」

	1（主）	2（生）	3（与）	4（対）	5（呼）	6（前置）	7（造）
単	turist-a	-y	-ovi	-u	-o	-ovi	-ou
複	turisté / turisti	-ů	-ům	-y	turisté / turisti	-ech	-y

ista で終わる語。複数1格（主格）形語尾に é と i。

policista　警官　　turista　観光客、旅行者

有語尾軟変化型活動体

この変化に属す男性名詞は単数1格（主格）形が ce で終わり、人を意味する。

1186　例：soudce「裁判官」

	1（主）	2（生）	3（与）	4（対）	5（呼）	6（前置）	7（造）
単	soudc-e	-e	-i / -ovi	-e	-e	-i / -ovi	-em
複	soudci / soudcové	-ů	-ům	-e	soudci / soudcové	-ích	-i

複数1格（主格）語尾に i と ové のバリエーション。

důchodce　年金受給者、年金生活者

obhájce　1. 弁 護 人　2.（ス ポ ー ツ）タイトル保持者

soudce　裁判官

vůdce　1. 指導者　2.(山岳) ガイド

výrobce　生産者

zástupce　代表者、代理人

1187　zájemce の変化

	1（主）	2（生）	3（与）	4（対）	5（呼）	6（前置）	7（造）
単	zájemc-e	-e	-i / -ovi	-e	-e	-i / -ovi	-em
複	-i	-ů	-ům	-e	-i	-ích	-i

zájemce　～する気のある人、関心のある人　zájemce o literaturu 文学に興味のある人

意味によって活動体・不活動体の両方の変化をする有語尾軟変化型の男性名詞

1188　průvodce の変化

<活動体>

	1（主）	2（生）	3（与）	4（対）	5（呼）	6（前置）	7（造）
単	průvodc-e	-e	-i / -ovi	-e	-e	-i / -ovi	-em
複	průvodci / průvodcové	-ů	-ům	-e	průvodci / průvodcové	-ích	-i

průvodce　ガイド、案内人　pracovat jako průvodce ガイドとして働く

<不活動体>

	1（主）	2（生）	3（与）	4（対）	5（呼）	6（前置）	7（造）
単	průvodc-e	-e	-i	-e	-e	-i	-em
複	průvodci / průvodce	-ů	-ům	-e	průvodci / průvodce	-ích	-i

průvodce　ガイドブック　průvodce Prahou プラハのガイドブック

※単数形では3格（与格）·6格（前置格）の語尾が、複数形では1格（主格）·

5格（呼格）の一部が活動体と不活動体で異なる。

外来語の変化

本書で取り上げる外来語の男性名詞は単数1格（主格）形が us で終わるものばかりである。人·動物を意味する語とそれ以外を意味する語がある。

1189　例：rytmus「リズム」

	1（主）	2（生）	3（与）	4（対）	5（呼）	6（前置）	7（造）
単	rytm-us	-u	-u	rytm-us	-e	-u	-em
複	-y	-ů	-ům	-y	-y	-ech	-y

単数主格（1格）形の us を取り去ってから、無語尾硬変化型語尾をつけるタイプ。不活動体。

cyklus　1. 周期　2. 一群　3. 集成、シリーズ
kubismus　キュビズム
realismus　リアリズム、現実主義
rytmus　リズム
úzus　使用

1190　virus の変化

	1（主）	2（生）	3（与）	4（対）	5（呼）	6（前置）	7（造）
単	virus	viru / virusu	viru / virusu	virus	vire / viruse	viru / virusu	virem / virusem
複	viry	virů / virusů	virům / virusům	viry / virusy	viry / virusy	virech / virusech	viry / virusy

1189 のタイプのように、us を取り去ってから語尾をつけるパターンと us の後にそのまま語尾をつけるパターンの両方がある。

virus　ウィルス　počítačový virus コンピューターウィルス

1191　géniusの変化

	1（主）	2（生）	3（与）	4（対）	5（呼）	6（前置）	7（造）
単	géni-us	-a	-ovi / -u	-a	-e	-ovi / -u	-em
複	-ové	-ů	-ům	-e	-ové	-ích	-i

単数1格（主格）形のusを取り去ってから無語尾硬変化型語尾をつけるタイプ。複数1格（主格）語尾はovéのみ。活動体。

génius　天才　hudební génius 音楽の天才

12XX　女性名詞

有語尾硬変化型

有語尾硬変化型変化タイプ一覧

番号	例	ページ
1201	žena	47
1202	škola	50
1203	hora	50
1204	firma	51
1205	kapsa	52
1206	karta	52
1207	sestra	53
1208	řeka	53
1209	kniha	54
1210	liga	54
1211	socha	55
1212	učitelka	55
1213	deska	58
1214	brána	58

番号	例	ページ
1215	kráva	58
1216	síla	59
1217	čára	59
1218	váha	59
1219	houba	60
1220	díra	60
1221	míra	61
1222	touha	61
1223	dáma	61
1224	louka	62
1225	dcera	62
1226	noha	62
1227	ruka	63

単数1格（主格）語尾がaである。

1201　例：žena「女」(-ba, -da, -ma, -na, -pa, -ta, -va)

	1（主）	2（生）	3（与）	4（対）	5（呼）	6（前置）	7（造）
単	žen-a	-y	-ě	-u	-o	-ě	-ou
複	-y	žen	-ám	-y	-y	-ách	-ami

基本の変化型である。語幹の形が変わることなく語尾をつけかえる。

< -ba >
doba　時代、期間
chyba　1. まちがい　2. 欠点　3. 失敗
osoba　1. 人、個人　2. 人物、登場人物　3. 人称
podoba　1. 形　2. 外形、外見　3. 相似
potřeba　1. (複) 要求　2. 必要　3. (複) 必要なもの、必需品
ryba　魚
výroba　1. 製造　2. 生産高
< -da >
armáda　1. 軍隊　2. 大量
dohoda　合意、協定
hospoda　居酒屋、パブ
hromada　1. 何かを積み上げた山　2. 大量
hvězda　1. 星　2. スター
jízda　1. 乗馬　2. ドライブ　3. 騎兵隊
metoda　方法
náhoda　偶然
nálada　気分、気持ち、機嫌
nehoda　事故
pravda　真実、事実、真理
příroda　自然
půda　1. 土　2. 地面　3. 根拠、基礎　4. 屋根裏
rada　1. 助言、忠告　2. 評議会、協議会　3. 町議会、市議会
řada　1. 列、行列　2. 多数
středa　水曜日　ve středu 水曜日に
svoboda　自由
škoda　損害、被害、損傷、損失
třída　1. 階級、等級　2. 教室、クラス、組　3. 大通り
věda　学問、科学
vláda　1. 政府、内閣　2. 支配
voda　1. 水　2. ローション
vražda　殺人、殺害
výhoda　有利、利点
zahrada　庭、庭園
zásada　原理、原則
< -ma >
reklama　広告、宣伝、コマーシャル
rýma　1. 鼻水　2. 鼻風邪

suma　総額、合計
zima　1. 冬　2. 寒さ
< -na >
angličtina　英語
cena　1. 値段　cena za auto 車の値段　2. 重要性　3. 賞
čeština　チェコ語
elektřina　電気
hladina　水面
hodina　1. 時間　2. ～時　3. 授業
japonština　日本語
koruna　1. 王冠　2. コルナ　3. 梢
krajina　1. 地方　2. 景色　3. 風景画
květina　花（木に咲く花は除く）
menšina　少数派、マイノリティー
obrana　1. 防衛、防御　2.（スポーツの）ディフェンス
odměna　報酬、褒美　odměna za vynikající výsledky 優れた成果に対する褒美
ochrana　1. 保護、防護　2. 防護するもの
polovina　半分、半ば
potravina　食料、食料品
příčina　理由、わけ、原因
rodina　家族、家庭
rostlina　植物
rovina　1. 平野　2. 平面
scéna　1. 舞台、ステージ　2. 場面、シーン
sezona / sezóna　季節、シーズン、旬
skupina　1. グループ、組　2. バンド
stěna　1. 壁　2. 仕切り
strana　1. 面　2. 側　3. ページ　4. かたわら、横、側面　5. 党
tuna　トン
většina　大多数、大部分
vina　罪、（～の）せい
vlna　1. 波　2. ウール
vteřina　1. 秒　2. 瞬間
výměna　交換、取り換え
zelenina　野菜
změna　変化、変更、改変
žena　1. 女、女性　2. 妻
< -pa >
mapa　地図、図
stopa　足跡、痕跡、跡
< -ta >
aktivita　活動、活発さ
bota　靴
cesta　1. 道、進路　2. 旅行
cigareta　たばこ
fakulta　学部　na fakultě 学部で
fronta　1. 前線　2. 列、行列　čekat ve frontě 行列に並んで待つ
hmota　物質
hodnota　1. 価値、価値のあるもの　2. 数値
chata　休暇用の家、コテージ

jistota　確信、確実、安全　pro jistotu 念のため
kapacita　収容力
kravata　ネクタイ
kvalita　質
minuta　1. 分　2. 少しの時間
pata　かかと
podstata　本質　v podstatě 基本的には
pošta　1. 郵便、郵便物　2. 郵便局　na poště 郵便局で
realita　1. 現実　2.（複）不動産
sobota　土曜日　v sobotu 土曜日に
spousta　大量、多数
teplota　1. 暖かさ、温かさ、暑さ、熱さ　2. 温度
teta　おば、おばさん
univerzita　大学　na univerzitě 大学で
varianta　変種、異形
věta　1. 文　2. 楽章　3. 定理
ztráta　1. 失うこと、喪失　2. 損害
< -va >
budova　建物
doprava　1. 交通　2. 輸送
hlava　1. 頭　2. 考え、意思
káva　コーヒー
návštěva　1. 訪問、来訪　2. 来客
obava　心配、気がかり　obava o budoucnost 将来の心配
oprava　1. 修理　2. 訂正　3. 添削
oslava　祝賀、お祝い
postava　1.（映画や小説の）登場人物　2. 体形
představa　考え、想像
příprava　1. 用意、準備　2.（複）支度　přípravy na cestu 旅支度
rezerva　蓄え、スペア
sláva　名誉、名声
soustava　体系、系統
správa　1. 経営、管理　2. 管理部
strava　1. 食糧、食べ物　2. まかない
úprava　1. 整理　2. 整えること、調整
výstava　1. 展覧会、展示会　2. 展覧会場、展示会場
zábava　1. 楽しみ、娯楽　2. パーティー
záplava　1. 洪水　2. 多数、大量
zpráva　1. 知らせ、報告　2. 報告書　3.（複）ニュース
< 単数形名詞 >
Morava　モラビア　na Moravě モラビアで
< 複数形名詞 >
dějiny　歴史
hodiny　時計
kalhoty　ズボン
narozeniny　誕生日
noviny　新聞

prázdniny　休暇、休み　na prázdninách 休暇で

1202　例：škola「学校」(-la, -sa, -za)

	1（主）	2（生）	3（与）	4（対）	5（呼）	6（前置）	7（造）
単	škol-a	-y	škole	-u	-o	škole	-ou
複	-y	škol	-ám	-y	-y	-ách	-ami

la, sa, za で終わる語。単数３格（与格）形および６格（前置格）で語尾 e。

< -la >

hala　ホール、大広間、ロビー

kapitola　章

kontrola　1. 点検、検査　2. 統制、制御

škola　1. 学校　ve škole 学校で　2. 校舎　3. 学派

< -sa >

adresa　1. 住所　2.（メールの）アドレス

krása　美しさ、美

trasa　ルート、路線

< -za >

analýza　分析

hrůza　恐怖、恐ろしいもの

slza　1. 涙　2. ごくわずかな液体の量

1203　例：hora「山」

	1（主）	2（生）	3（与）	4（対）	5（呼）	6（前置）	7（造）
単	hor-a	-y	hoře	-u	-o	hoře	-ou
複	-y	hor	-ám	-y	-y	-ách	-ami

ra で終わる語。単数３格（与格）・６格（前置格）形が ře。

agentura　代理店

atmosféra　大気、雰囲気

brambora　じゃがいも

důvěra　信頼、信用、頼り

hora　山

kariéra　出世

komora　1. 部屋、小部屋　2.（議会の）院
kultura　文化
kytara　ギター
literatura　1. 文学　2. 文献一覧
podpora　1. 支援、支持、応援　2. 援助金
premiéra　初演、初日
prostora　1. 空間　2. 場所、余地
struktura　構造、構成

1204　例：firma「会社」(-ba, -da, -ma, -na, -va)

	1（主）	2（生）	3（与）	4（対）	5（呼）	6（前置）	7（造）
単	firm-a	-y	-ě	-u	-o	-ě	-ou
複	-y	firem	-ám	-y	-y	-ách	-ami

複数2格（生格）形で後ろから2番目にeが入る。

< -ba >
hudba　音楽
chodba　廊下　na chodbě 廊下で
léčba　治療
sazba　1. 料金、値段　2. 植字、活字組み
služba　勤務、業務、職務、サービス
stavba　1. 建築、建造物　2. 建築現場　3. 構造、構成
svatba　結婚式
tvorba　1. 生成　2. 創作、創造　3. 作品
vazba　1. 結びつき、絆　2. 製本　3. 拘留
volba　1. 選択、選出　2.（複）選挙
výstavba　1. 建設　2. 構築、構造

< -da >
mzda　給料、賃金（複数2格は mezd）

< -ma >
firma　会社、企業
forma　外形、形、形態
norma　規範、ノルマ
reforma　改革
tma　闇

< -na >
jídelna　1. 食堂　2. ダイニングルーム
kavárna　喫茶店、カフェ
knihovna　1. 図書館　2. 本棚　3. 蔵書
královna　女王、クイーン
lékárna　1. 薬局　2. 薬箱
pojišťovna　保険会社

pokladna　1. チケット売り場、切符売り場　2. レジ　3. 金庫

prodejna　店

slečna　1. 独身女性　2. ～さん（未婚）

sněmovna　1. 議院、国会　2. 下院　3. 議事堂

továrna　工場

< -va >

barva　1. 色、色彩　2. 染料、塗料

bitva　戦闘、戦い

vrstva　層、階層

výzva　1. 呼び出し、召喚　2.（出発便の）案内

1205　kapsa の変化

	1（主）	2（生）	3（与）	4（対）	5（呼）	6（前置）	7（造）
単	kaps-a	-y	kapse	-u	-o	kapse	-ou
複	-y	kapes	-ám	-y	-y	-ách	-ami

単数3格（与格）形および6格（前置格）で語尾 e、複数2格（生格）形で後ろから2番目に e が入る。

kapsa　ポケット　kapsa u kalhot ズボンのポケット

1206　karta の変化

	1（主）	2（生）	3（与）	4（対）	5（呼）	6（前置）	7（造）
単	kart-a	-y	-ě	-u	-o	-ě	-ou
複	-y	karet / kart	-ám	-y	-y	-ách	-ami

複数2格（生格）形にバリエーション（kart の方が頻度は低い）。

karta　1. カード　platit kartou カードで支払う　2. トランプ　hrát karty トランプをする

1207　例：sestra「姉・妹」

	1（主）	2（生）	3（与）	4（対）	5（呼）	6（前置）	7（造）
単	sestr-a	-y	sestře	-u	-o	sestře	-ou
複	-y	sester	-ám	-y	-y	-ách	-ami

子音＋ra で終わる語。単数3格（与格）・6格（前置格）形 ře、複数2格（生格）形で後ろから2番目に e が入る。

hra　1. ゲーム　2. 試合　3. 演技、劇　4. 演奏

sestra　1. 姉、妹　2. 看護師　3. 同一の教会員、修道女

1208　例：řeka「川」（-eka, -ika, -nka, -ouka, -uka）

	1（主）	2（生）	3（与）	4（対）	5（呼）	6（前置）	7（造）
単	řek-a	-y	řece	-u	-o	řece	-ou
複	-y	řek	-ám	-y	-y	-ách	-ami

ka で終わる語。単数3格（与格）・6格（前置格）形 ce。

< -eka >

řeka　川

< -ika >

ekonomika　経済、経済状態

kritika　批評、評論、批判

politika　政治、政策

problematika　（総体としての）問題

republika　共和国

technika　技術、技法

< -nka >

banka　銀行

< -ouka >

mouka　穀物をひいた粉、小麦粉

< -uka >

záruka　保証、担保

1209　例：kniha「本」(-aha, -iha, -lha, -oha)

	1（主）	2（生）	3（与）	4（対）	5（呼）	6（前置）	7（造）
単	knih-a	-y	knize	-u	-o	knize	-ou
複	-y	knih	-ám	-y	-y	-ách	-ami

ha で終わる語。単数3格(与格)・6格(前置格)形 ze。

< -aha >

podlaha　床

povaha　性質、性格

snaha　努力

úvaha　考察、熟慮、考慮

< -iha >

kniha　本、～帳

< -lha >

mlha　霧

< -oha >

obloha　1. 空、天　2. 付け合わせ

poloha　1. 位置　2. 標高

úloha　役割、課題

záloha　1. 手付金、前払い金　2. バックアップ　3. 予備

<単数形名詞>

Praha　プラハ

1210　例：liga「リーグ」

	1（主）	2（生）	3（与）	4（対）	5（呼）	6（前置）	7（造）
単	lig-a	-y	lize	-u	-o	lize	-ou
複	-y	lig	-ám	-y	-y	-ách	-ami

ga で終わる語。単数3格(与格)・6格(前置格)形 ze。

droga　麻薬、ドラッグ

liga　リーグ、リーグ戦

1211　例：socha「彫刻」

	1（主）	2（生）	3（与）	4（対）	5（呼）	6（前置）	7（造）
単	soch-a	-y	soše	-u	-o	soše	-ou
複	-y	soch	-ám	-y	-y	-ách	-ami

chaで終わる語。単数3格（与格）・6格（前置格）形še。

plocha　1. 表面　2. 領域　3.（ある目的のための）場所
porucha　欠陥、故障、不調
socha　彫像
střecha　屋根、ルーフ
<複数形名詞>
Čechy　チェコ、ボヘミア
　v Čechách チェコで、ボヘミアで

1212　例：učitelka「教師」（-čka, -dka, -jka, -lka, -mka, -nka, -pka, -rka, -řka, -ska, -ška, -tka, -vka, -zka, -žka）

	1（主）	2（生）	3（与）	4（対）	5（呼）	6（前置）	7（造）
単	učitelk-a	-y	učitelce	-u	-o	učitelce	-ou
複	-y	učitelek	-ám	-y	-y	-ách	-ami

子音＋kaで終わる語。単数3格（与格）・6格（前置格）形ce、複数2格（生格）形で後ろから2番目にeが入る。

< -čka >
babička　祖母、おばあさん
herečka　女優
horečka　熱
hračka　1. おもちゃ　2. 軽い仕事　3. 遊び
hráčka　1. 選手、競技者　2. 奏者　3. 投機や賭け事をする人
kočka　1. 猫　2. 美人
lednička　冷蔵庫
pobočka　支社、支店
prodavačka　店員
špička　1. 先端　2. つま先　3. ピーク時、ラッシュアワー
vidlička　フォーク
vnučka　孫
značka　1. 印、記号、マーク　2. ブランド
zpěvačka　歌手

< -dka >

kamarádka　友人、仲間

nabídka　1. 申し出　2. 提供、供給

pohádka　1. おとぎ話　2. 絵空事

prohlídka　1. 視察、見物　2. 検査　3. 診察

sousedka　1. 隣人、近所の人　2. そばにいる人

< -jka >

vlajka　旗

zlodějka　泥棒

< -lka >

délka　長さ、持続期間

holka　女の子（口語）、ガールフレンド

chvilka　瞬間、束の間

manželka　妻

obálka　1. 封筒　2. 本や雑誌の表紙

obyvatelka　住民、住人

spisovatelka　作家

tabulka　1. 表、図　2. 板、板状のもの

učitelka　教師、先生

válka　戦争

zápalka　マッチ

< -mka >

poznámka　1. メモ、覚書　2. コメント、註

výjimka　例外　bez výjimky 例外なしに

známka　1. 切手　2. 成績

< -nka >

branka　1. 門　2. サッカーやホッケーなどのゴール、得点

cizinka　1. 外国人　2. 見知らぬ人、他所者

členka　メンバー、一員

hrdinka　1. 英雄、ヒロイン　2. 主役、主人公

Japonka　日本人

linka　1. 生産ライン　2. 線、路線　3. 電話回線

maminka　おかあさん

myšlenka　思い、考え、思想

občanka　市民、国民

peněženka　財布

podmínka　1. 条件　2.（複）環境

stránka　1. ページ　2. 面

vstupenka　入場券

vzpomínka　1. 思い出　2.（複）回想記

< -pka >

chřipka　インフルエンザ

< -rka >

autorka　1. 著者、作者　2.（計画などの）立案者

doktorka　1. 医師　2. 博士

inženýrka　1. 技師　2. 工学士、経済学士

manažerka　経営者、支配人、マネージャー

partnerka　パートナー、相手
profesorka　教授、高校教師
režisérka　（映画や演劇の）監督
sbírka　1. コレクション、収集品　2. 募金　3. ～集（詩集や短編集など）
< -řka >
básnířka　詩人
čtenářka　読者
lékařka　医者、医師
novinářka　記者、ジャーナリスト
soupeřka　競争相手、ライバル
< -ska >
láska　愛　láska k dětem 子どもたちへの愛
< -ška >
Češka　チェコ人
přednáška　講義、講演
taška　1. バッグ、かばん　2. 屋根瓦
výška　高さ、高度
zkouška　1. 試み　2. 検査　3. 試験　4. リハーサル
< -tka >
částka　金額
jednotka　単位
křižovatka　交差点　na křižovatce 交差点で
látka　1. 生地　2. 物質　3. 教材
matka　1. 母　2. ナット
památka　1. 記念　2. 記念碑、記念品　3. 回想
policistka　警官
sanitka　救急車
studentka　学生
turistka　観光客、旅行者
< -vka >
bankovka　紙幣
dávka　1. 用量　2. 税　3. 給付金
dívka　1. 少女　2. ガールフレンド
dodávka　1. 配達、納入　2. バン（有蓋トラック）
polévka　スープ
poptávka　需要
přestávka　中休み、休憩
stávka　ストライキ
zastávka　1. 停留所　2. 停車　3. 立ち寄り
< -zka >
otázka　1. 質問、疑問　2. 問題
procházka　散歩
schůzka　1. 会合、会議　2. デート
vítězka　勝者
< -žka >
knížka　小型本、公的な記録が記載されて綴じられているもの
ponožka　靴下
překážka　障害物、邪魔、妨害
složka　1. 構成分子　2. 紙ばさみ、書類ばさみ、ファイル
tužka　鉛筆
<複数形名詞>
nůžky　はさみ

1213 deskaの変化

	1（主）	2（生）	3（与）	4（対）	5（呼）	6（前置）	7（造）
単	desk-a	-y	desce	-u	-o	desce	-ou
複	-y	desk /desek	-ám	-y	-y	-ách	-ami

子音＋kaで終わる語。単数3格（与格）・6格（前置格）形ce、複数2格（生格）形にバリエーション。

deska 1. 板、プレート 2. レコード

1214 例：brána「門」

	1（主）	2（生）	3（与）	4（対）	5（呼）	6（前置）	7（造）
単	brán-a	-y	-ě	-u	-o	-ě	bránou / branou
複	-y	bran	bránám / branám	-y	-y	bránách / branách	bránami / branami

複数2格（生格）形に語幹母音áが短母音化しaに、単数7格（造格）、複数3格（与格）・6格（前置格）・7格（造格）形にバリエーション。

brána 1. 門 2. サッカーやホッケーなどのゴール

rána 1. 傷 2. 打撃、打撃音 3. 発砲、銃声

1215 例：kráva「（雌）牛」

	1（主）	2（生）	3（与）	4（対）	5（呼）	6（前置）	7（造）
単	kráv-a	-y	-ě	-u	-o	-ě	-ou
複	-y	krav	krávám / kravám	-y	-y	krávách / kravách	krávami / kravami

複数2格（生格）形に語幹母音の短母音化、複数3格（与格）・6格（前置格）・7格（造格）形にバリエーション。

kráva （雌）牛

tráva 草

1216　sílaの変化

	1（主）	2（生）	3（与）	4（対）	5（呼）	6（前置）	7（造）
単	síl-a	-y	-e	-u	-o	-e	sílou / silou
複	-y	sil	sílám / silám	-y	-y	sílách / silách	sílami / silami

単数3格（与格）・6格（前置格）語尾e、複数2格（生格）形で語幹母音íが短母音化しiに、単数7格（造格）、複数3格（与格）・6格（前置格）・7格（造格）形にバリエーション。

síla　力、勢い、勢力　síla vůle 意志の力、自制心

1217　čáraの変化

	1（主）	2（生）	3（与）	4（対）	5（呼）	6（前置）	7（造）
単	čár-a	-y	čáře	-u	-o	čáře	čárou / čarou
複	-y	čar	čárám / čarám	-y	-y	čárách / čarách	čárami / čarami

単数3格（与格）・6格（前置格）形ře、複数2格（生格）形で語幹母音のáが短母音化しaに、単数7格（造格）、複数3格（与格）・6格（前置格）・7格（造格）形にバリエーション。

čára　線、ライン　poznámky pod čarou 脚注

1218　例：váha「重さ」

	1（主）	2（生）	3（与）	4（対）	5（呼）	6（前置）	7（造）
単	váh-a	-y	váze	-u	-o	váze	váhou / vahou
複	-y	vah	váhám / vahám	-y	-y	váhách / vahách	váhami / vahami

単数3格（与格）・6格（前置格）形ze、複数2格（生格）形で語幹母音のáが短母音化しaに、単数7格（造格）、複数3格（与格）・6格（前置格）・7格（造格）形にバリエーション。

dráha　1. コース　2. 走路、軌道　　　váha　1. 重さ、重量　2.（複）はかり　3. 重要性

1219　例：houba「きのこ」

	1（主）	2（生）	3（与）	4（対）	5（呼）	6（前置）	7（造）
単	houb-a	-y	-ě	-u	-o	-ě	-ou
複	-y	hub	-ám	-y	-y	-ách	-ami

語幹に二重母音ouが含まれる語。複数2格（生格）形でuと交替する。

houba　1. きのこ、マッシュルーム　2. スポンジ　　　smlouva　契約

1220　例：díra「穴」

	1（主）	2（生）	3（与）	4（対）	5（呼）	6（前置）	7（造）
単	dír-a	-y	díře	-u	-o	díře	-ou
複	-y	děr	-ám	-y	-y	-ách	-ami

単数3格（与格）・6格（前置格）形ře、複数2格（生格）形で語幹母音íがěと交替する。

díra　穴、くぼみ　　　víra　信仰、信じる心　víra v sebe 自信

1221　míra の変化

	1（主）	2（生）	3（与）	4（対）	5（呼）	6（前置）	7（造）
単	mír-a	-y	míře	-u	-o	míře	měrou / mírou
複	-y	měr	měrám / mírám	-y	-y	měrách / mírách	-ami

単数 3 格（与格）・6 格（前置格）形 ře、複数 2 格（生格）形で語幹母音 í が ě と交替する。単数 7 格（造格）形、複数 3 格（与形）・6 格（前置格）形にバリエーション。

míra　1. 寸法、サイズ　2. 程度　do jisté míry ある程度まで　3. 適度　Všeho s mírou. 何事もほどほどに。

1222　touha の変化

	1（主）	2（生）	3（与）	4（対）	5（呼）	6（前置）	7（造）
単	touh-a	-y	touze	-u	-o	touze	-ou
複	-y	tuh	-ám	-y	-y	-ách	-ami

単数 3 格（与格）・6 格（前置格）形 ze、複数 2 格（生格）形で語幹母音 ou が u と交替する。

touha　あこがれ、渇望、欲　touha po penězích 金銭欲

1223　dáma の変化

	1（主）	2（生）	3（与）	4（対）	5（呼）	6（前置）	7（造）
単	dám-a	-y	-ě	-u	-o	-ě	-ou
複	-y	dam / dám	-ám	-y	-y	-ách	-ami

複数 2 格（生格）形に語幹母音のバリエーション。

dáma　1. 婦人、貴婦人　první dáma ファーストレディー　2.（トランプの）

クイーン

1224　louka の変化

	1（主）	2（生）	3（与）	4（対）	5（呼）	6（前置）	7（造）
単	louk-a	-y	louce	-u	-o	louce	-ou
複	-y	louk / luk	-ám	-y	-y	-ách	-ami

複数2格（生格）形に語幹母音のバリエーション。

louka　草地、牧草地　na louce 草地で

1225　dcera の変化

	1（主）	2（生）	3（与）	4（対）	5（呼）	6（前置）	7（造）
単	dcer-a	-y	dceři	-u	-o	dceři	-ou
複	-y	dcer	-ám	-y	-y	-ách	-ami

単数3格（与格）・6格（前置格）形 ři。

dcera　娘　vlastní dcera 実の娘

双数起源の特殊な複数形をもつ語

1226　noha「足」の変化

	1（主）	2（生）	3（与）	4（対）	5（呼）	6（前置）	7（造）
単	noh-a	-y	noze	-u	-o	noze	-ou
複	-y	nohou / noh	-ám	-y	-y	nohou / nohách	nohama
						nohách	nohami

noha　足、脚　Pracuju na volné noze. 私はフリーランスで働いている。

※複数形の下段 nohách と nohami は人体の足を想起させる物を意味する。

1227　ruka「手」の変化

<table>
<tr><th></th><th>1（主）</th><th>2（生）</th><th>3（与）</th><th>4（対）</th><th>5（呼）</th><th>6（前置）</th><th>7（造）</th></tr>
<tr><td>単</td><td>ruk-a</td><td>-y</td><td>ruce</td><td>-u</td><td>-o</td><td>ruce</td><td>-ou</td></tr>
<tr><td rowspan="2">複</td><td rowspan="2">ruce</td><td>rukou</td><td rowspan="2">-ám</td><td rowspan="2">ruce</td><td rowspan="2">ruce</td><td>rukou / rukách</td><td>rukama</td></tr>
<tr><td>ruk</td><td>rukách</td><td>rukami</td></tr>
</table>

ruka　手、腕　z ruky do roky 手から手へ

※複数形の下段ruk, rukách, rukamiは人体の手を想起させる物を意味する。

有語尾軟変化型

有語尾軟変化型変化タイプ一覧

番号	例	ページ
1228	růže	63
1229	země	65
1230	ulice	66
1231	práce	67
1232	chvíle	67

番号	例	ページ
1233	lžíce	67
1234	pozice	68
1235	kuchyně	68
1236	neděle	69
1237	dveře / dvéře	69

単数1格（主格）形がeまたはěで終わる。軟子音字およびs, z, lの後にはeを、それ以外の文字の後にはěを書くという正書法上の規則がある。

1228　例：růže「バラ」(-ce, -če, -ie, -je, -le, -ře, -se, -še, -xe, -ze, -že)

	1（主）	2（生）	3（与）	4（対）	5（呼）	6（前置）	7（造）
単	růž-e	-e	-i	-i	-e	-i	-í
複	-e	-í	-ím	-e	-e	-ích	-emi

基本の変化型である。語幹の母音が変わることもないし、語尾にもバリエーションがない。

< -ce >

absence　欠席、不在

akce　1. 行動　2.（期間限定の）値引き

dotace　補助金、助成金
existence　1. 存在　2. 人物
federace　連邦、連盟
finance　1. 財　政　ministerstvo financí 財務省　2. 資金
funkce　1. 役目、職務　2. 関数　3. 機能
generace　世代
informace　1. 情報　2. 案内　3. 案内所
instituce　施設、機関
komunikace　1. 伝達、コミュニケーション　2. 道路
koncepce　概念、考え
konference　会議、協議
konkurence　1. 競争、競合　2. ライバル企業
levice　1. 左手　2. 左翼、左派　3. 左側
mince　コイン、硬貨
operace　1. 手術　2. 作戦
ordinace　1. 診療室、診療所　2. 診療
organizace　1. 組織化　2. 組織、団体
pravice　1. 右手　2. 右翼、右派　3. 右側
privatizace　民営化
produkce　生産、製作
reakce　反応　reakce na kritiku 批判に対する反応
redakce　編集、編集部
rekonstrukce　再建、修復、復元
restaurace　1. レストラン　2. 修復
revoluce　1. 革命　2. 大改革、大変革
situace　状況
šance　チャンス、機会

< -če >

péče　1. 世話　2. 看護、介護

< -ie >

akcie　株、証券
demokracie　民主主義
energie　1. 動力、エネルギー　2. 活力、勢い
fotografie　写真
galerie　1. 美術館　2. 天井桟敷
havárie　事故、故障
historie　1. 歴史、過去　2. 物語
kategorie　範疇、カテゴリー
kopie　複写、コピー、複製
poezie　詩
policie　警察
série　1. 商品などの種類　2. セット　3. シリーズ、連続
studie　1. 論文、レポート　2. 習作
technologie　科学技術、テクノロジー
teorie　理論
unie　連合、連盟

< -je >
naděje　1. 希望　2. 希望を与える人、ホープ
< -le >
role　1. 役割、役　2. 巻いたもの、ロール
vůle　1. 意志、望み　2. 遺言書
židle　いす
< -ře >
bouře　1. 嵐、暴風雨　2. 社会不安、政治不安
večeře　夕食
< -se >
komise　1. 委員会　2. 委託販売
< -še >
duše　魂、精神
výše　水準、高さ
< -xe >
praxe　実習、実践
< -ze >
krize　危機
schůze　会議
televize　テレビ、テレビ放送、テレビ局
verze　バージョン、～版
< -že >
kůže　皮、皮膚
růže　バラ
<単数形名詞>
Anglie　イギリス、イングランド　v Anglii イギリスで
Británie　ブリテン、イギリス　v Británii イギリスで
Francie　フランス　ve Francii フランスで
Itálie　イタリア　v Itálii イタリアで
<複数形名詞>
brýle / brejle　めがね
housle　バイオリン

※ práce, spolupráce → 1231, neděle → 1236, dveře / dvéře → 1237

1229　例：země「地面」

	1（主）	2（生）	3（与）	4（対）	5（呼）	6（前置）	7（造）
単	zem-ě	-ě	-i	-i	-ě	-i	-í
複	-ě	-í	-ím	-ě	-ě	-ích	-ěmi

単数 1 格（主格）語尾が ě。e の上に記号 ˇ がつく以外は基本型の 1228 と同じである。

snídaně　朝食

vůně　香り、芳香

země　1. 国　2. 地面　3. 陸

1230　例：ulice「通り」(-bice, -jice, -lice, -nice, -pice, -le)

	1（主）	2（生）	3（与）	4（対）	5（呼）	6（前置）	7（造）
単	ulic-e	-e	-i	-i	-e	-i	-í
複	-e	ulic	-ím	-e	-e	-ích	-emi

ice, ile で終わる語。複数２格（生格）形に語尾がつかない。

< -bice >

krabice　箱

< -jice >

dvojice　2人組、カップル、ペア

< -lice >

ulice　通り、道

< -nice >

dálnice　高速道路

dělnice　1. 労働者　2. はたらき蜂

hranice　境界、境界線

hudebnice　音楽家、ミュージシャン

nemocnice　病院

odbornice　専門家

pohlednice　絵葉書

příslušnice　メンバー、一員

radnice　市庁舎

sestřenice　いとこ

silnice　道路

sklenice　コップ、グラス

stanice　1. 駅、停留所　2. 署、局

tajemnice　秘書、書記官、事務官

účastnice　参加者

učebnice　教科書

úřednice　1. 役人、公務員　2. 事務員

vesnice　村、田舎

zákaznice　顧客、客

železnice　鉄道

< -pice >

čepice　帽子

< -le >

košile　シャツ

※ dispozice / disposice, investice, koalice, opozice, pozice, tradice → 1234

1231　例：práce「仕事」

	1（主）	2（生）	3（与）	4（対）	5（呼）	6（前置）	7（造）
単	prác-e	-e	-i	-i	-e	-i	prací
複	-e	prací	pracím	-e	-e	pracích	pracemi

単数7格（造格）形、複数2格（生格）・6格（前置格）・7格（造格）で語幹母音のáがaと交替する。

práce　仕事、労働　　　spolupráce　協同、協力

1232　chvíleの変化

	1（主）	2（生）	3（与）	4（対）	5（呼）	6（前置）	7（造）
単	chvíl-e	-e	-i	-i	-e	-i	-í
複	-e	chvil	-ím	-e	-e	-ích	-emi

複数2格（生格）形で語尾がつかず、語幹母音のíがiと交替する。

chvíle　瞬間、一瞬、束の間　právě v této chvíli まさにこの瞬間に

1233　例：lžíce「スプーン」

	1（主）	2（生）	3（与）	4（対）	5（呼）	6（前置）	7（造）
単	lžíc-e	-e	-i	-i	-e	-i	lžící / lžicí
複	-e	lžic	lžícím / lžicím	-e	-e	lžících / lžicích	lžícemi / lžicemi

複数2格（生格）形で語尾がつかず、語幹母音のíがiと交替する。単数7格（造格）形、複数3格（与格）・6格（前置格）・7格（造格）形で語幹母音にíとiのバリエーション。

lžíce　スプーン、（料理用の）大さじ　　　plíce　（複）肺

1234　例：pozice「位置」

	1（主）	2（生）	3（与）	4（対）	5（呼）	6（前置）	7（造）
単	pozic-e	-e	-i	-i	-e	-i	-í
複	-e	pozic / pozicí	-ím	-e	-e	-ích	-emi

iceで終わる語のうち、複数2格(生格)形にバリエーションのあるもの。

dispozice / disposice　1. 自由裁量　mít k dispozici 自由に使う　2. 素質

investice　投資

koalice　連立

opozice　野党、反対派

pozice　1. 位置　2. 地位、職　3. 姿勢

tradice　伝統

1235　例：kuchyně「台所」(-gyně, -hyně, -chyně, -kyně, -ryně)

	1（主）	2（生）	3（与）	4（対）	5（呼）	6（前置）	7（造）
単	kuchyn-ě	-ě	-i	-i	-ě	-i	-í
複	-ě	kuchyň / kuchyní	-ím	-ě	-ě	-ích	-ěmi

yněで終わる語。複数2格(生格)形にバリエーションがある。

< -gyně >

kolegyně　同僚

< -hyně >

bohyně　女神

< -chyně >

kuchyně　1. 台所、キッチン　2. 料理、料理法

< -kyně >

důchodkyně　年金受給者、年金生活者

náměstkyně　代理、次長、次官

poslankyně　議員

průvodkyně　ガイド、案内人

předsedkyně　議長

přítelkyně　1. 友達　2. 恋人、ガールフレンド

soudkyně　裁判官

svědkyně　証人、目撃者

umělkyně　芸術家

zaměstnankyně　従業員、職員

zástupkyně　代表者、代理人
žákyně　生徒

< -ryně >
ministryně　大臣

1236　neděleの変化

	1（主）	2（生）	3（与）	4（対）	5（呼）	6（前置）	7（造）
単	neděl-e	-e	-i	-i	-e	-i	-í
複	-e	nedělí / neděl neděl	-ím	-e	-e	-ích	-emi

neděle　1. 日曜日　v neděli 日曜日に　2.（複）週　za pět neděl 5週間後

※複数2格（生格）形の上は「日曜日」、下は「週」を意味する。「日曜日」という意味でneděl となるケースは稀。

1237　複数形名詞 dveře / dvéře の変化

1（主）	2（生）	3（与）	4（対）	5（呼）	6（前置）	7（造）
dveře / dvéře	dveří	dveřím	dveře / dvéře	dveře / dvéře	dveřích	dveřmi

1格（主格）・4格（対格）・5格（呼格）形に語幹母音のバリエーションがある。7格（造格）語尾が emi ではなく mi となる。

dveře / dvéře　ドア　ve dveřích 戸口で

無語尾軟変化型（1）

無語尾軟変化型変化（1）タイプ一覧

番号	例	ページ
1238	tramvaj	70
1239	dlaň	70

番号	例	ページ
1240	píseň	71
1241	větev	71

単数1格（主格）形が子音字で終わり、単数2格（生格）語尾に e あるいは ě を取る。語尾の e, ě は正書法の規則による。

1238　例：tramvaj「路面電車」(-j, -l, -ř, -ž)

	1（主）	2（生）	3（与）	4（対）	5（呼）	6（前置）	7（造）
単	tramvaj	-e	-i	tramvaj	-i	-i	-í
複	-e	-í	-ím	-e	-e	-ích	-emi

基本の変化型。語幹にそのまま語尾がつく。

< -j >

kolej　1. 寮　2. 線路

tramvaj　路面電車

< -l >

postel　ベッド

< -ř >

kancelář　1. 事務所、オフィス　2. 執務室

neteř　姪

tvář　1. 頬　2. 顔

< -ž >

drůbež　家禽

garáž　ガレージ、車庫

krádež　盗み

potíž　困難、面倒、支障、苦労

soutěž　1. 競争、競技　2. コンテスト、コンクール

věž　塔

< 単数形名詞 >

mládež　若者たち、青少年

1239　例：dlaň「手のひら」(-m, -ň, -ť)

	1（主）	2（生）	3（与）	4（対）	5（呼）	6（前置）	7（造）
単	dlaň	dlaně	dlani	dlaň	dlani	dlani	dlaní
複	dlaně	dlaní	dlaním	dlaně	dlaně	dlaních	dlaněmi

基本型 1238 と比べると、単数2格（生格）、複数1格（主格）・4格（対格）・5格（呼格）語尾が e でなくて ě となる。複数7格（造格）語尾にも ě が現れる。

< -m >

zem　1. 国　2. 地面、陸

< -ň >

daň　税金、～税　daň z příjmu 所得税

dlaň　手のひら

kampaň　キャンペーン、組織的運動
skříň　1. たんす、戸棚　2. ショーウィンドウ
zbraň　武器
< -ť >
síť　1. 網、ネット　2. ネットワーク

1240　例：píseň「歌」

	1（主）	2（生）	3（与）	4（対）	5（呼）	6（前置）	7（造）
単	píseň	písně	písni	píseň	písni	písni	písní
複	písně	písní	písním	písně	písně	písních	písněmi

eňで終わる語。語尾がつくと後ろから2番目のeが消える。単数2格(生格)、複数1格(主格)・4格(対格)・5格(呼格)語尾がěとなる。複数7格(造格)語尾にもěが現れる。

píseň　歌
úroveň　水準、レベル
žízeň　のどの渇き
<複数形名詞>
lázně　温泉、温泉地

1241　例：větev「枝」

	1（主）	2（生）	3（与）	4（対）	5（呼）	6（前置）	7（造）
単	větev	větve	větvi	větev	větvi	větvi	větví
複	větve	větví	větvím	větve	větve	větvích	větvemi

主としてevで終わる語。語尾がつくと後ろから2番目のeが消える。語尾は基本型1238と同じ。

církev　教会(組織)
krev　1. 血　2. 血統、血脈
láhev / lahev　瓶、ボトル
obec　共同体、町、村
větev　1. 枝　2. 支線　3. 語派

無語尾軟変化型（2）

単数1格（主格）形が子音字で終わり、単数2格（生格）語尾にiを取る。バリエーションは少なく2つしかない。

1242　例：kost「骨」(-ast, -ást, -c, -č, -est, -ost)

	1（主）	2（生）	3（与）	4（対）	5（呼）	6（前置）	7（造）
単	kost	-i	-i	kost	-i	-i	-í
複	-i	-í	-em	-i	-i	-ech	-mi

基本の変化型である。語尾がついても語幹が変わることがない。

< -ast, -ást >
část　部分
součást　部分、部品
účast　参加、出席
< -c >
věc　1. 物　2. 事、事件　3. 用件
< -č >
řeč　ことば、スピーチ、話す能力
< -est >
bolest　痛み
< -ost >
bezpečnost　安全性、確実性
budoucnost　未来、将来
činnost　活動
domácnost　家事、家庭
kost　骨
minulost　過去、過去の出来事
místnost　部屋、～室
možnost　1. 可能性　2. 選択肢　3. 機会
národnost　国籍
nezaměstnanost　失業、失業状態
nutnost　必要、必要性
okolnost　環境、状況
osobnost　人柄、性格、個性
platnost　有効性、効力
podrobnost　詳細、細部
pohotovost　1. 準備ができていること　2. 緊急医療センター、救急処置室
povinnost　義務、任務
pozornost　1. 注意、注意深さ　2. 注目　3. 関心
přednost　優先、優越、優位
příležitost　機会　při té příležitosti ついでに
přítomnost　1. 現在　2. 出席、存在
radost　喜び
rychlost　1. 速さ、速度、スピード　2. ギア

schopnost　能力
skutečnost　実際、事実
slavnost　式典、祝賀
souvislost　関連性
společnost　1. 社会　2. 協会、会社　3. 世間
starost　1. 心配　starost o budoucnost 将来の心配　2. 心配ごと　3. 世話
událost　できごと、事件
velikost　1. 大きさ、サイズ　2. 規模
vlastnost　特質、特徴
vzdálenost　距離、時間の隔たり
záležitost　1. 件、事　2. 用件　3. 関心事
zkušenost　経験、体験
znalost　知識、精通
žádost　1. 申請、申込　2. 願書、〜願い

<単数形名詞>

veřejnost　1. 公衆　2. 公の場　3. 世間

1243　čest の変化

	1（主）	2（生）	3（与）	4（対）	5（呼）	6（前置）	7（造）
単	čest	cti	cti	čest	cti	cti	ctí
複	cti	ctí	ctem	cti	cti	ctech	ctmi

語尾がつくと、語幹が大きく変わる。

čest　名誉　věc cti 名誉の問題

無語尾軟変化混合型

無語尾軟変化混合型タイプ一覧

番号	例	ページ
1244	oběť	74
1245	paměť	74
1246	zeď	75
1247	nemoc	75
1248	čtvrť	76
1249	loď	76

番号	例	ページ
1250	směs	76
1251	odpověď	77
1252	noc	77
1253	lež	77
1254	sůl	78

単数1格(主格)形が子音字で終わり、語尾は無語尾軟変化型(1)と(2)の両方を取りうる。

1244　例：oběť「犠牲」

	1(主)	2(生)	3(与)	4(対)	5(呼)	6(前置)	7(造)
単	oběť	oběti	oběti	oběť	oběti	oběti	obětí
複	oběti	obětí	obětem / obětím	oběti	oběti	obětech / obětích	obětmi

基本的にはkostと同じ語尾だが、複数3格(与格)・6格(前置格)でkost, tramvajどちらの語尾もとりうる。

oběť　1. 犠牲　2. 犠牲者　3. 捧げもの

oblast　1. 地域、区域、地方　2. 領域

1245　paměťの変化

	1(主)	2(生)	3(与)	4(対)	5(呼)	6(前置)	7(造)
単	paměť	paměti	paměti	paměť	paměti	paměti	pamětí
複	paměti	pamětí	pamětem / pamětím	paměti	paměti	pamětech / pamětích	pamětmi / paměťmi

基本的にはkostと同じ語尾だが、複数3格(与格)・6格(前置格)で

kost, tramvaj どちらの語尾もとりうる。さらに複数7格（造格）形にバリエーション。

paměť　1. 記憶　2. 記憶力　Mám dobrou paměť na jména. 私は名前の覚えがいい。 3. メモリー

1246　zeď の変化

	1（主）	2（生）	3（与）	4（対）	5（呼）	6（前置）	7（造）
単	zeď	zdi	zdi	zeď	zdi	zdi	zdí
複	zdi	zdí	zdem / zdím	zdi	zdi	zdech / zdích	zdmi

語尾がつくと単数1格（主格）形の後から2番目の e が消える。基本的には kost と同じ語尾だが、複数3格（与格）・6格（前置格）で kost, tramvaj どちらの語尾もとりうる。

zeď　壁、塀　zdi z kamene 石壁

1247　例：nemoc「病気」

	1（主）	2（生）	3（与）	4（対）	5（呼）	6（前置）	7（造）
単	nemoc	nemoci	nemoci	nemoc	nemoci	nemoci	nemocí
複	nemoci	nemocí	nemocem / nemocím	nemoci	nemoci	nemocech / nemocích	nemocemi

基本的には kost と同じ語尾をとる。複数3格（与格）・6格（前置格）語尾で kost, tramvaj どちらの語尾もとりうる。複数7格（造格）語尾は tramvaj と同じ。

moc　力、権力、勢力、権限　　pomoc　助け、援助、頼り
nemoc　病気

1248 例：čtvrt'「地区」

	1（主）	2（生）	3（与）	4（対）	5（呼）	6（前置）	7（造）
単	čtvrt'	čtvrti / čtvrtě	čtvrti	čtvrt'	čtvrti	čtvrti	čtvrtí
複	čtvrti / čtvrtě	čtvrtí	čtvrtím	čtvti / čtvrtě	čtvrti / čtvrtě	čtvrtích	čtvrtěmi

単数2格（生格）、複数1格（主格）・4格（対格）・5格（呼格）語尾にkost型とdlaň型のバリエーション。複数7格（造格）語尾はdlaňと同じ。

čtvrt' 地区 průmyslová čtvrt' 工業地区
chut' 1. 味覚、味 2. 食欲 3. 願望

1249 lod'の変化

	1（主）	2（生）	3（与）	4（対）	5（呼）	6（前置）	7（造）
単	lod'	lodě / lodi	lodi	lod'	lodi	lodi	lodí
複	lodě / lodi	lodí	lodím	lodě / lodi	lodě / lodi	lodích	loděmi / lod'mi

単数2格（生格）、複数1格（主格）・4格（対格）・5格（呼格）・7格（造格）語尾にkost型とdlaň型のバリエーション。

lod' 船

1250 例：směs「混ぜ合わせたもの」

	1（主）	2（生）	3（与）	4（対）	5（呼）	6（前置）	7（造）
単	směs	-i	-i	směs	-i	-i	-í
複	-i	-í	-ím	-i	-i	-ích	-mi

基本的にはkostと同じ語尾をとる。複数3格（与格）・6格（前置格）語尾はtramvajと同じ。

obuv 靴、履きもの

směs　1. 混ぜ合わせたもの　2. ミックス
smrt　死

1251　例：odpověd'「答え」

	1（主）	2（生）	3（与）	4（対）	5（呼）	6（前置）	7（造）
単	odpověd'	-i	-i	odpověd'	-i	-i	-í
複	-i	-í	-ím	-i	-i	-ích	odpovědmi / odpověd'mi

基本的には kost と同じ語尾をとる。複数 3 格（与格）・6 格（前置格）語尾は tramvaj と同じ。複数 7 格（造格）形にバリエーション。

odpověd'　1. 答え、返事　odpověd' na otázku　質問の答え　2. 反応

předpověd'　予告、予想　předpověd' počasí 天気予報

1252　例：noc「夜」

	1（主）	2（生）	3（与）	4（対）	5（呼）	6（前置）	7（造）
単	noc	-i	-i	noc	-i	-i	-í
複	-i	-í	-ím	-i	-i	-ích	-emi

基本的には kost と同じ語尾をとる。複数 3 格（与格）・6 格（前置格）・7 格（造格）語尾は tramvaj と同じ。

mysl　思い、考え、意見

noc　夜　v noci 夜に

půlnoc　真夜中、深夜

1253　lež の変化

	1（主）	2（生）	3（与）	4（対）	5（呼）	6（前置）	7（造）
単	lež	lži	lži	lež	lži	lži	lží
複	lži	lží	lžím	lži	lži	lžích	lžemi

単数1格(主格)形の後から2番目のeは語尾がつくと消える。基本的にはkostと同じ語尾をとる。複数3格(与格)・6格(前置格)・7格(造格)語尾はtramvajと同じ。

lež　嘘　Lež má krátké nohy. 嘘はすぐにばれる。

1254　sůlの変化

	1(主)	2(生)	3(与)	4(対)	5(呼)	6(前置)	7(造)
単	sůl	soli	soli	sůl	soli	soli	solí
複	soli	solí	solím	soli	soli	solích	solemi

語尾がつくと語幹のůがoと交替する。基本的にはkostと同じ語尾をとる。複数3格(与格)・6格(前置格)・7格(造格)語尾はtramvajと同じ。

sůl　塩　chléb se solí パンと塩(客人がやってきたときに歓迎の印として差し出す)

特殊な変化

本書では特殊な変化をする女性名詞として、2つのタイプを紹介する。

1255　paníの変化

	1(主)	2(生)	3(与)	4(対)	5(呼)	6(前置)	7(造)
単	paní	paní	paní	paní	paní	paní	paní
複	paní	paní	paním	paní	paní	paních	paními

paní　1. ～さん　Paní doktorko! 先生！　2. 婦人、夫人

1256　例：Vánoce「クリスマス」

1(主)	2(生)	3(与)	4(対)	5(呼)	6(前置)	7(造)
Vánoce	Vánoc	Vánocům	Vánoce	Vánoce	Vánocích	Vánocemi / Vánoci

この名詞は複数形名詞である。同様の変化をする語には、あと1つVelikonoceもある。7格(造格)にはバリエーションがあるが、Vánoci, Velikonociは頻度が低い。

Vánoce　クリスマス　o Vánocích クリスマスに
Velikonoce　復活祭、イースター　o Velikonocích 復活祭に

外来語の変化

女性名詞に分類される外来語はいくつかある。本書ではそのうち1つだけを取り上げる。

1257　ideaの変化

	1 (主)	2 (生)	3 (与)	4 (対)	5 (呼)	6 (前置)	7 (造)
単	idea	idey / ideje	ideji	ideu	ideo	ideji	ideou / idejí
複	idey / ideje	idejí	ideám / idejím	idey / ideje	idey / ideje	ideách / idejích	ideami / idejemi

eaで終わる外来語。

idea　考え、着想、観念　revoluční idea 革命思想

13XX　中性名詞

有語尾硬変化型

有語尾硬変化型タイプ一覧

番号	例	ページ
1301	kolo	80
1302	místo	81
1303	křeslo	81
1304	dno	81
1305	dílo	82
1306	město	82
1307	okno	82
1308	jméno	83
1309	léto	83
1310	kilo	84
1311	jaro	84
1312	letadlo	84

番号	例	ページ
1313	patro	85
1314	pero	85
1315	mužstvo	86
1316	játra	86
1317	záda	86
1318	hledisko	87
1319	jablko	87
1320	vojsko	88
1321	ticho	88
1322	miminko	88
1323	mléko	89
1324	břicho	89

単数1格（主格）語尾がoである。1316と1317は複数形名詞。

1301　例：kolo「自転車」

	1（主）	2（生）	3（与）	4（対）	5（呼）	6（前置）	7（造）
単	kol-o	-a	-u	-o	-o	-e	-em
複	-a	kol	-ům	-a	-a	-ech	-y

基本の変化型である。語尾がついても語幹が変わることがない。単数6格（前置格）語尾e。

čelo　1. ひたい　2. 正面

tělo　体、身体

kolo　1. 輪　2. 車輪　3. 自転車

1302　místo の変化

	1（主）	2（生）	3（与）	4（対）	5（呼）	6（前置）	7（造）
単	míst-o	-a	-u	-o	-o	-ě	-em
複	-a	míst	-ům	-a	-a	-ech	-y

単数 6 格（前置格）語尾 ě。

místo　1. 場所　2. 席　3. 職　Je teď bez místa. 今失業中だ。

1303　例：křeslo「肘掛いす」

	1（主）	2（生）	3（与）	4（対）	5（呼）	6（前置）	7（造）
単	křesl-o	-a	-u	-o	-o	-e	-em
複	-a	křesel	-ům	-a	-a	-ech	-y

単数 6 格（前置格）語尾 e、複数 2 格（生格）形で後ろから 2 番目に e が入る。

číslo　1. 数　2. 数値　3. 番号、（雑誌などの）号
křeslo　1. 肘掛いす　2. 議席
máslo　バター
peklo　1. 地獄　2. 苦痛、苦悩
sklo　ガラス
světlo　1. 光、明かり　2. 照明

1304　dno の変化

	1（主）	2（生）	3（与）	4（対）	5（呼）	6（前置）	7（造）
単	dn-o	-a	-u	-o	-o	-ě	-em
複	-a	den	-ům	-a	-a	-ech	-y

単数 6 格（前置格）語尾 ě、複数 2 格（生格）形で後ろから 2 番目に e が入る。

dno　底　dno řeky 川底

1305　dílo の変化

	1（主）	2（生）	3（与）	4（対）	5（呼）	6（前置）	7（造）
単	díl-o	-a	-u	-o	-o	-e	-em
複	-a	děl	-ům	-a	-a	-ech	-y

単数6格(前置格)語尾 e、複数2格(生格)形で語幹の í が ě に交替する。

dílo　1. 作品　2. 仕事　pustit se do díla 仕事に取りかかる　3. 成果

1306　例：město「町」(-no, -to, -vo)

	1（主）	2（生）	3（与）	4（対）	5（呼）	6（前置）	7（造）
単	měst-o	-a	-u	-o	-o	městě / městu	-em
複	-a	měst	-ům	-a	-a	-ech	-y

単数6格(前置格)語尾に ě と u のバリエーション。

< -no >
kino　映画館
víno　1. ワイン　2. ぶどう
< -to >
auto　車、自動車
konto　口座
město　町、市、市街
procento　パーセント、割合
zlato　金、金製品
< -vo >
dřevo　木材
pivo　ビール
slovo　1. 語　2. ことば、約束
<単数形名詞>
Brno　ブルノ

1307　okno の変化

	1（主）	2（生）	3（与）	4（対）	5（呼）	6（前置）	7（造）
単	okn-o	-a	-u	-o	-o	okně / oknu	-em
複	-a	oken	-ům	-a	-a	-ech	-y

単数6格（前置格）語尾にěとuのバリエーション、複数2格（生格）形で後ろから2番目にeが入る。

okno　窓　dívat se z okna 窓から外を見る

1308　jménoの変化

	1（主）	2（生）	3（与）	4（対）	5（呼）	6（前置）	7（造）
単	jmén-o	-a	-u	-o	-o	jméně / jménu	-em
複	-a	jmen	-ům	-a	-a	-ech	-y

単数6格（前置格）語尾にěとuのバリエーション、複数2格（生格）形で語幹のéが短母音のeと交替する。

jméno　1. 名前　jménem zákona 法の定めで（法の名によって）　2. 評判　dobré jméno よい評判

1309　létoの変化

	1（主）	2（生）	3（与）	4（対）	5（呼）	6（前置）	7（造）
単	lét-o	-a	-u	-o	-o	létě / létu	-em
複	-a	let	letům / létům	-a	-a	letech / létech	lety / léty

単数6格（前置格）語尾にěとuのバリエーション、複数2格（生格）形で語幹のéが短母音のeと交替する。複数3格（与格）・6格（前置格）・7格（造格）形に語幹母音のバリエーション。

léto　1. 夏　v létě 夏に　2.（複）年　po celá léta 何年にもわたって

※「年」という意味のlétoの複数形については、1139も参照のこと。

1310 kilo の変化

	1（主）	2（生）	3（与）	4（対）	5（呼）	6（前置）	7（造）
単	kil-o	-a	-u	-o	-o	kile / kilu	-em
複	-a	kil	-ům	-a	-a	-ech	-y

単数6格（前置格）語尾に e と u のバリエーション。

kilo　キロ（グラム）（5以上の数詞と結びつくときは不変化）
málo　少量、少し
maso　肉
železo　鉄

1311 例：jaro「春」

	1（主）	2（生）	3（与）	4（対）	5（呼）	6（前置）	7（造）
単	jar-o	-a	-u	-o	-o	jaru / na jaře	-em
複	-a	jar	-ům	-a	-a	-ech	-y

単数6格（前置格）形にバリエーション。前置詞 na と結びついて「春に」という以外は語尾 u。jezero は前置詞に関係なく -ru と -ře のどちらもある。

jaro　春　na jaře 春に
jezero　湖　v jezeru / v jezeře 湖の中で

1312 例：letadlo「飛行機」

	1（主）	2（生）	3（与）	4（対）	5（呼）	6（前置）	7（造）
単	letadl-o	-a	-u	-o	-o	letadle / letadlu	-em
複	-a	letadel	-ům	-a	-a	-ech	-y

子音 + lo で終わる語。単数6格（前置格）語尾に e と u のバリエーション、複数2格（生格）形で後ろから2番目に e が入る。

divadlo　1. 劇場　2. 劇団　3. 演劇
heslo　1. パスワード　2. スローガン　3. (辞書の) 見出し語
jídlo　食事、料理、食べ物
křídlo　翼
letadlo　飛行機
mýdlo　せっけん
pravidlo　規則、ルール
sídlo　居住地、所在地
teplo　温かさ、暖かさ、熱さ、暑さ、熱
vozidlo　車、乗り物
zavazadlo　荷物
zrcadlo　鏡

1313　例：patro「階」

	1（主）	2（生）	3（与）	4（対）	5（呼）	6（前置）	7（造）
単	patr-o	-a	-u	-o	-o	patru / patře	-em
複	-a	pater	-ům	-a	-a	-ech	-y

子音 + ro で終わる語。単数6格(前置格)形に ru と ře のバリエーション、複数2格(生格)形で後ろから2番目に e が入る。

patro　1. 階　v prvním patře 2 階で　2. 口蓋
stříbro　銀

1314　例：pero「ペン」

	1（主）	2（生）	3（与）	4（対）	5（呼）	6（前置）	7（造）
単	per-o	-a	-u	-o	-o	-u	-em
複	-a	per	-ům	-a	-a	-ech	-y

単数6格(前置格)語尾 u のみ。

pečivo　パン類
pero　1. ペン　2. 羽　3. ばね
právo　1. 法、法律　2. 権利　3. (複) 法学
ráno　朝
< 複数形名詞 >
ústa　口

1315　例：mužstvo「チーム」(-no, -ro, -stvo)

	1（主）	2（生）	3（与）	4（対）	5（呼）	6（前置）	7（造）
単	mužstv-o	-a	-u	-o	-o	-u	-em
複	-a	mužstev	-ům	-a	-a	-ech	-y

単数6格(前置格)語尾uのみ、複数2格(生格)形で後ろから2番目にeが入る。

< -no >

jasno　1. 明るい光　2. 明確な意見

nedávno　最近

volno　休み、休日、非番

< -ro >

metro　地下鉄

vnitro　1. 内務　ministerstvo vnitra 内務省　2. 内部

< -stvo >

družstvo　1. 組合　2. チーム

ministerstvo　～省

mužstvo　チーム

obyvatelstvo　1. 住民(集合)　2. 人口

1316　játraの変化

1（主）	2（生）	3（与）	4（対）	5（呼）	6（前置）	7（造）
játra	jater	játrům	játra	játra	játrech	játry

複数形名詞。2格(生格)形で語幹母音のáがaと交替し、後ろから2番目にeが入る。

játra　肝臓、レバー

1317　zádaの変化

1（主）	2（生）	3（与）	4（対）	5（呼）	6（前置）	7（造）
záda	zad	zadům	záda	záda	zádech	zády

複数形名詞。2格(生格)·3格(与格)形で語幹母音のáがaと交替する。

záda　背中、背中　Bolí mě v zádech. 私は背中が痛い。

1318　例：hledisko「観点」

	1（主）	2（生）	3（与）	4（対）	5（呼）	6（前置）	7（造）
単	hledisk-o	-a	-u	-o	-o	-u	-em
複	-a	hledisek / hledisk	-ům	-a	-a	hlediscích / hlediskách	-y

sko, cko で終わる語。単数6格（前置格）語尾 u のみ、複数2格（生格）・6格（前置格）形にバリエーション。

hledisko　観点、視点
stanovisko　立場、見解
středisko　中心地、センター
<単数形名詞>
blízko　近くの場所　z blízka 近くから
Česko　チェコ　v Česku チェコで
Japonsko　日本　v Japonsku 日本で
Německo　ドイツ　v Německu ドイツで
Polsko　ポーランド　v Polsku ポーランドで
Rakousko　オーストリア　v Rakousku オーストリアで
Rusko　ロシア　v Rusku ロシアで
Slovensko　スロバキア　na Slovensku スロバキアで

※ vojsko → 1320

1319　jablko の変化

	1（主）	2（生）	3（与）	4（対）	5（呼）	6（前置）	7（造）
単	jablk-o	-a	-u	-o	-o	-u	-em
複	-a	jablek	-ům	-a	-a	jablcích / jablkách	-y

単数6格（前置格）語尾 u のみ、複数2格（生格）形で後ろから2番目に e が入る。複数6格（前置格）形にバリエーション。

jablko　りんご　Jablko nepadá daleko od stromu. 蛙の子は蛙。

1320　例：vojsko「軍隊」

	1（主）	2（生）	3（与）	4（対）	5（呼）	6（前置）	7（造）
単	vojsk-o	-a	-u	-o	-o	-u	-em
複	-a	vojsk	-ům	-a	-a	vojscích / vojskách	-y

単数6格（前置格）語尾uのみ、数6格（前置格）形にバリエーション。

riziko　リスク、危険性

vojsko　軍隊

＜単数形名詞＞

daleko　遠い距離、遠い所

z daleka 遠くから

1321　tichoの変化

	1（主）	2（生）	3（与）	4（対）	5（呼）	6（前置）	7（造）
単	tich-o	-a	-u	-o	-o	-u	-em
複	-a	tich	-ům	-a	-a	tichách	-y

単数6格（前置格）語尾uのみ、数6格（前置格）語尾áchのみ。

ticho　静けさ　hluboké ticho しんとした静けさ

1322　miminkoの変化

	1（主）	2（生）	3（与）	4（対）	5（呼）	6（前置）	7（造）
単	mimink-o	-a	-u	-o	-o	-u	-em
複	-a	miminek	-ům	-a	-a	miminkách	-y

単数6格（前置格）語尾uのみ、複数2格（生格）形で後ろから2番目にeが入る。複数6格（前置格）語尾áchのみ。

miminko　あかちゃん　čekat miminko 妊娠中だ

1323　mlékoの変化

	1（主）	2（生）	3（与）	4（対）	5（呼）	6（前置）	7（造）
単	mlék-o	-a	-u	-o	-o	mléku / mléce	-em
複	-a	mlék	-ům	-a	-a	mlékách / mlécích	-y

単数6格（前置格）形および複数6格（前置格）形にバリエーション。

mléko　ミルク、牛乳　čerstvé mléko 新鮮な牛乳

1324　břichoの変化

	1（主）	2（生）	3（与）	4（対）	5（呼）	6（前置）	7（造）
単	břich-o	-a	-u	-o	-o	břichu / břiše	-em
複	-a	břich	-ům	-a	-a	břichách	-y

単数6格（前置格）形にバリエーション、複数6格（前置格）語尾 áchのみ。

břicho　腹　mít plné břicho おなかいっぱいだ

双数起源の特殊な複数形をもつ語

oで終わる中性名詞には、双数起源の特殊な複数形をもつ語が5つある。

1325　ramenoの変化

<table>
<tr><th></th><th>1（主）</th><th>2（生）</th><th>3（与）</th><th>4（対）</th><th>5（呼）</th><th>6（前置）</th><th>7（造）</th></tr>
<tr><td>単</td><td>ramen-o</td><td>ramena /
ramene</td><td>ramenu /
rameni</td><td>-o</td><td>-o</td><td>ramenu /
rameni /
rameně</td><td>-em</td></tr>
<tr><td rowspan="2">複</td><td rowspan="2">-a</td><td>ramenou /
ramen</td><td rowspan="2">ramenům</td><td rowspan="2">-a</td><td rowspan="2">-a</td><td>rameou /
ramenech</td><td rowspan="2">-y</td></tr>
<tr><td>ramen</td><td>ramenech</td></tr>
</table>

rameno　肩　taška přes rameno ショルダーバッグ

※複数形の下段 ramen と ramenech は身体名称ではなく、「肩」を想起させるもの（支流、分岐点など）を意味する。

1326　koleno の変化

	1（主）	2（生）	3（与）	4（対）	5（呼）	6（前置）	7（造）
単	kolen-o	kolena / kolene	-u	-o	-o	koleně / kolenu / koleni	-em
複	-a	kolen / kolenou	-ům	-a	-a	kolenou / kolenech	-y
		kolen				kolenech	

koleno　1. ひざ　po koleou 四つんばいになって　2. 連結部　3. 世代

※複数形の下段 kolen と kolenech は、「連結部」または「世代」を意味する。

1327　複数形名詞 prsa の変化

1（主）	2（生）	3（与）	4（対）	5（呼）	6（前置）	7（造）
prsa	prsou	prsům	prsa	prsa	prsou	prsy

prsa　1. 胸　bolest na prsou 胸の痛み　2. 平泳ぎ　plavat prsa 平泳ぎで泳ぐ

1328　oko の変化

	1（主）	2（生）	3（与）	4（対）	5（呼）	6（前置）	7（造）
単	oko	oka	oku	oko	oko	oku	okem
複	oči	očí	očím	oči	oči	očích	očima
	oka	ok	okám /okům	oka	oka	okách	oky

両目という意味の oči は女性名詞の複数形として扱う。

oko　目　Oko za oko, zub za zub. 目には目を、歯には歯を。

※複数形の下段は目を思い起こさせるもの（編み目、靴下の穴など）を意味する。

1329　ucho の変化

	1（主）	2（生）	3（与）	4（対）	5（呼）	6（前置）	7（造）
単	uch-o	-a	-u	-o	-o	-u	-em
複	uši	uší	uším	uši	uši	uších	ušima
	ucha	uch	uchám / uchům	ucha	ucha	uchách	uchy

両耳という意味の uši は女性名詞の複数形として扱う。

ucho　耳

※複数形の下段は耳を思い起こさせる何か（なべの取っ手など）を意味する。

有語尾軟変化型（1）

有語尾軟変化型（1）変化タイプ一覧

番号	例	ページ
1330	moře	91
1331	dopoledne	92
1332	bydliště	92

番号	例	ページ
1333	hřiště	92
1334	vejce	93

単数1格（主格）語尾が e である。

1330　例：moře「海」

	1（主）	2（生）	3（与）	4（対）	5（呼）	6（前置）	7（造）
単	moř-e	-e	-i	-e	-e	-i	-em
複	-e	-í	-ím	-e	-e	-ích	-i

基本の変化型である。語尾にバリエーションはなく、語幹も変化しない。

moře　1. 海　2. 大量
ovoce　1. くだもの　2.（努力などの）成果、結実
pole　1. 野原　2. 畑　3. 分野
slunce　太陽、日
srdce　1. 心臓　2. 心

1331　例：dopoledne「午前」

	1（主）	2（生）	3（与）	4（対）	5（呼）	6（前置）	7（造）
単	dopoledn-e	-e	-i	-e	-e	-i	-em
複	-e	-í	-ím	-e	-e	dopolednech	-y

複数6格（前置格）語尾 ech、7格（造格）語尾 y。

dopoledne　午前
odpoledne　午後
poledne　正午、昼

1332　例：bydliště「住まい」

	1（主）	2（生）	3（与）	4（対）	5（呼）	6（前置）	7（造）
単	bydlišt-ě	-ě	-i	-ě	-ě	-i	-ěm
複	-ě	bydlišť	-ím	-ě	-ě	-ích	-i

iště で終わる語。複数2格（生格）語尾ゼロ。

bydliště　住まい、居住地
letiště　飛行場、空港　na letišti 空港で

1333　hřiště の変化

	1（主）	2（生）	3（与）	4（対）	5（呼）	6（前置）	7（造）
単	hřišt-ě	-ě	-i	-ě	-ě	-i	-ěm
複	-ě	hřišť / hřiští	-ím	-ě	-ě	-ích	-i

複数2格（生格）形にバリエーション。

hřiště　競技場、運動場　zápas na cizím hřišti 相手の本拠地での試合、遠征試合

1334　vejce の変化

	1（主）	2（生）	3（与）	4（対）	5（呼）	6（前置）	7（造）
単	vejc-e	-e	-i	-e	-e	-i	-em
複	-e	vajec	-ím	-e	-e	-ích	-i

複数2格（生格）形で語幹母音の e が a に交替し、後ろから2番目に e が入る。

vejce　卵　sedět na vejcích 卵を孵している

硬軟混合タイプ

1335　písmeno の変化

	1（主）	2（生）	3（与）	4（対）	5（呼）	6（前置）	7（造）
単	písmen-o	písmena / písmene	písmenu / písmeni	-o	-o	písmeno / písmeni / písmeně	-em
複	-a	písmen	písmenům	-a	-a	-ech	-y

単数形の斜格語尾に硬変化型と軟変化型のバリエーションがある。複数形は硬変化型。

písmeno　字、文字

有語尾軟変化型 (2)

単数1格(主格)語尾が í である。ほとんどが次に示す nádraží 型の変化をする。

1336　例：nádraží「駅」

(-bí, -čí, -dí, -lí, -mí, -ní, -ří, -sí, -ší, -tí, -ví, -ží, -ý)

	1（主）	2（生）	3（与）	4（対）	5（呼）	6（前置）	7（造）
単	nádraž-í	-í	-í	-í	-í	-í	-ím
複	-í	-í	-ím	-í	-í	-ích	-ími

基本の変化型。語尾にバリエーションはなく、語幹も変化しない。

< -bí >

období　時期、期間　období dešťů 雨季、梅雨

< -čí >

bezpečí　安全、安全な場所

nebezpečí　危険

výročí　記念日、～周年

< -dí >

pořadí　順序、順番

poschodí　階　do prvního poschodí 2階へ

prostředí　環境

< -lí >

násilí　1. 暴力　2. 強制

okolí　周辺、周り、近所

pondělí　月曜日　v pondělí 月曜日に

úsilí　努力、苦心　úsilí o spolupráci 協力しようとする努力

< -mí >

přízemí　1階、(劇場の) 1階席　v přízemí 1階で、1階席で

území　1. 領土　2. 地帯

vědomí　意識

< -ní >

cvičení　1. 体操　2. 練習、訓練

hodnocení　評価づけ、査定、成績評価

chování　態度、行儀、ふるまい

jednání　1. 行動　2. 交渉　3. (劇の) 幕

mínění　意見

narození　誕生

očekávání　期待

oddělení　1. 部署　2. ～部、～課

omezení　制限、限定

opatření　処置、対策

oznámení　知らせ、告知、通知

podnikání　企業活動
pojištění　保険
pokračování　1. 継続、続き　pokračování v léčbě 治療の継続　2. 連続もの
postavení　1. 位置　2. 姿勢　3. 地位
povolání　職業
povolení　1. 認可、許可　povolení k pobytu 滞在許可　2. 許可証
poznání　知識
pozvání　招待　pozvání na svatbu 結婚式の招待
prohlášení　1. 宣言　2. 申告書、宣告書
přání　願望、望み、願い
představení　1. 演奏、上演　2. 紹介
překvapení　驚き、驚くようなできごと
příjmení　苗字、姓
řešení　解決、解決策
řízení　1. 操作、操縦　2. 管理、運営
sdružení　会、協会、連盟、連合
setkání　会合、出会い
shromáždění　1. 集まり、集会　2. 会衆
snížení　減少、引き下げ、低下
spojení　1. 結合、接続　2. つながり、連絡
srovnání　1. まっすぐに伸ばすこと　2. 比較
tvrzení　断言、主張
umění　芸術、芸術作品
utkání　試合　utkání o třetí místo 3位決定戦
vedení　1. 配線　2. 指導　3. 執行部
vězení　牢獄
vybavení　装備
vydání　1. 版　první vydání 初版　2. 費用　vydání za potraviny 食費
vyjádření　表明
vystoupení　演奏、上演
vzdělání　教育、教養
zahájení　始まり、開会
zaměstnání　職、仕事
zařízení　1. 設備、装置　2. 施設
zasedání　会、会議、集会
zemětřesení　地震
zjištění　究明、突きとめること
zranění　傷、怪我、負傷
zvýšení　1. 増加　2. 高くなること

< -ří >

pozítří　あさって
září　9月　v září 9月に

< -sí >

počasí　天気

< -ší >

ovzduší　1. 大気　2. 雰囲気

< -tí >

hnutí　1. 動き、運動　2. 活動

náměstí　広場　na náměstí 広場で、広場へ

napětí　緊張、緊張感、サスペンス

neštěstí　不幸、災難

pití　飲むこと、飲み物

pojetí　1. 概念　2. 見解、解釈

přijetí　1. 出迎え　2. 受け入れること

rozhodnutí　決心、決定

štěstí　幸福、幸せ、幸運　na štěstí 幸いなことに

< -ví >

hospodářství　1. 経済　2. 農場

knihkupectví　書店、本屋

mistrovství　1. 名人芸　2. 選手権　mistrovství světa ワールドカップ

množství　1. 数、量　2. 多数、多量

náboženství　宗教

společenství　1. 共同社会　2. 社交

tajemství　秘密、謎

velvyslanectví　大使館　na velvyslanectví 大使館で、大使館へ

vítězství　勝利

zdravotnictví　保健

zemědělství　農業

< -ží >

nádraží　駅　na nádraží 駅で、駅へ

pobřeží　沿岸、海岸

< -ý >

úterý　火曜日　v úterý 火曜日に

<単数形名詞>

mládí　青年時代、青春　v mládí 若いころ

zahraničí　外国　do zahraničí 外国へ

zboží　商品、品物

zdraví　健康、健康状態　Na zdraví! 乾杯！

※ století → 1337

1337　stoletíの変化

	1（主）	2（生）	3（与）	4（対）	5（呼）	6（前置）	7（造）
単	stolet-í	-í	-í	-í	-í	-í	-ím
複	století / staletí	století / staletí	stoletím / staletím	století / staletí	století / staletí	stoletích / staletích	stoletími / staletími

複数形の語幹が変わらない場合と o が a に交替する場合がある。

století　世紀　v dvacátém století 20 世紀に

有語尾軟変化・語幹拡大型

本書では、t によって語幹の拡大する語と複数形のみ s によって語幹の拡大する中性名詞を紹介する。

1338　例：kuře「ひなどり」

	1（主）	2（生）	3（与）	4（対）	5（呼）	6（前置）	7（造）
単	kuř-e	-ete	-eti	-e	-e	-eti	-etem
複	-ata	kuřat	-atům	-ata	-ata	-atech	-aty

語幹は t によって拡大する。

děvče　女の子、少女
kotě　子猫
kuře　ひなどり
štěně　1. 子犬　2. 青二才
vnouče　孫
zvíře　1. 動物　2. 影響力のある人

※ dítě → 1339

1339　dítě の変化

	1（主）	2（生）	3（与）	4（対）	5（呼）	6（前置）	7（造）
単	dít-ě	-ěte	-ěti	-ě	-ě	-ěti	-ětem
複	děti	dětí	dětem	děti	děti	dětech	dětmi

単数形は t によって語幹の拡大するタイプの変化をするが、複数形は語幹の母音 í が ě と交替し、女性名詞の kost と同じ語尾を取る。単数形は中性名詞として、複数形は女性名詞として扱う。

dítě　子ども　vývoj dítěte 子どもの発達

1340　nebe の変化

	1（主）	2（生）	3（与）	4（対）	5（呼）	6（前置）	7（造）
単	neb-e	-e	-i	-e	-e	-i	-em
複	nebesa	nebes	nebesům	nebesa	nebesa	nebesích	nebesy

単数形は軟変化型 moře と同じタイプの変化をするが、複数形は s によって語幹が拡大し、6 格（前置格）以外は硬変化型の語尾がつく。

nebe　1. 空、天　být v sedmém nebi 天にも昇る心地だ　2. 天国　3.（複）天蓋

外来語の変化

本書では独特の変化をする外来語の中性名詞として 6 つのタイプを紹介する。

1341　rádio の変化

	1（主）	2（生）	3（与）	4（対）	5（呼）	6（前置）	7（造）
単	rádi-o	-a	-u	-o	-o	-u	-em
複	-a	rádií	rádiím	-a	-a	rádiích	rádii

単数形と複数 1 格（主格）・4 格（対格）・5 格（呼格）形は有語尾硬変化型の語尾が、複数形の斜格は軟変化型 moře と同じ語尾がつく。

rádio　ラジオ　poslouchat rádio ラジオを聞く

1342　例：album「アルバム」

	1（主）	2（生）	3（与）	4（対）	5（呼）	6（前置）	7（造）
単	alb-um	-a	-u	-um	-um	-u	-em
複	-a	alb	-ům	-a	-a	-ech	-y

子音 + um で終わる語。um を取って有語尾硬変化型の語尾をつける。

album　アルバム
datum　日付、期日
faktum　事実、真相
vízum　査証、ビザ
<複数形名詞>
data　データ

※ centrum → 1343, publikum → 1344

1343　centrum の変化

	1（主）	2（生）	3（与）	4（対）	5（呼）	6（前置）	7（造）
単	centr-um	-a	-u	-um	-um	-u	-em
複	-a	center	-ům	-a	-a	-ech	-y

子音＋um で終わる語。複数2格(生格)形で後ろから2番目に e が入る。

centrum　中心、中心地、センター　bydlet v centru města 町の中心に住む

1344　publikum の変化

	1（主）	2（生）	3（与）	4（対）	5（呼）	6（前置）	7（造）
単	publik-um	-a	-u	-um	-um	-u	-em
複	-a	publik	-ům	-a	-a	publikách	-y

子音＋um で終わる語。複数6格（前置格）語尾 ách。

publikum　聴衆、観衆　filmové publikum 映画の観衆

1345　例：muzeum「博物館」

	1（主）	2（生）	3（与）	4（対）	5（呼）	6（前置）	7（造）
単	muze-um	-a	-u	-um	-um	-u	-em
複	-a	muzeí	muzeím	-a	-a	muzeích	muzei

母音＋um で終わる語。単数形と複数1格（主格）・4格（対格）・5格（呼格）形は um を取って有語尾硬変化型の語尾をつける。複数2格（生格）・

3格（与格）・6格（前置格）・7格（造格）形には有語尾軟変化型の moře と同じ語尾をつける。

médium / medium　1. 媒体、媒介
　2. 通信手段、通信機関
muzeum　博物館
stipendium　奨学金
studium　学業、研究

1346　例：téma「テーマ」

	1（主）	2（生）	3（与）	4（対）	5（呼）	6（前置）	7（造）
単	téma	tématu	tématu	téma	téma	tématu	tématem
複	témata	témat	tématům	témata	témata	tématech	tématy

ma で終わる語。語幹が t によって拡大する。

drama　1. ドラマ、演劇、劇　2. 戯曲、脚本
klima　気候
téma　テーマ、話題、主題

14XX　形容詞と同じ変化をする名詞

硬変化型と同じ変化

1401　男性名詞および女性名詞

<table>
<tr><th colspan="2"></th><th>1(主),5(呼)</th><th>2（生）</th><th>3（与）</th><th>4（対）</th><th>6（前置）</th><th>7（造）</th></tr>
<tr><td rowspan="2">単数</td><td>男</td><td>znám-ý</td><td>-ého</td><td>-ému</td><td>-ého / -ý</td><td>-ém</td><td>-ým</td></tr>
<tr><td>女</td><td>-á</td><td>-é</td><td>-é</td><td>-ou</td><td>-é</td><td>-ou</td></tr>
<tr><td rowspan="2">複数</td><td>男</td><td>-í / -é</td><td rowspan="2">-ých</td><td rowspan="2">-ým</td><td rowspan="2">-é</td><td rowspan="2">-ých</td><td rowspan="2">-ými</td></tr>
<tr><td>女</td><td>-é</td></tr>
</table>

/ の前は活動体、後は不活動体を表わす。本書では形容詞型の変化をする不活動体男性名詞は zlatý のみ。（複）は通常は複数形で用いられる語。

<男性名詞>
dospělý　（複）大人
chudý　（複）貧しい人
jiný　別の人

mrtvý　死者
podezřelý　容疑者
přítomný　(複) 出席者
zdravý　(複) 健康な人
zlatý　金貨
živý　(複) 生きている人
< 女性名詞 >
bílá　白、白色
černá　黒、黒色
červená　赤、赤色
dovolená　休暇　na dovolené 休暇中に
hnědá　茶色
jiná　他のこと、別件
konečná　終点、終着駅
levá　左手、左足
modrá　青、青色
pravá　右手、右足
růžová　ピンク、ピンク色
šedá　灰色
zelená　緑、緑色
ženská　女の人 (口語)
< 男性名詞および女性名詞 >
drahý / drahá　最愛の人
milý / milá　恋人
mladý / mladá　若者
nemocný / nemocná　病人
postižený / postižená　被災者
příbuzný / příbuzná　親戚、親類
starý / stará　老人
svatý / svatá　聖人
známý / známá　知人

1402　中性名詞

	1 (主), 5 (呼)	2 (生)	3 (与)	4 (対)	6 (前置)	7 (造)
単	sladk-é	-ého	-ému	-é	-ém	-ým
複	-á	-ých	-ým	-á	-ých	-ými

jiné　他のケース、別の場合
mnohé　多くのもの、多くの点
sladké　甘いもの、菓子

1403　男性複数形名詞

1 (主), 5 (呼)	2 (生)	3 (与)	4 (対)	6 (前置)	7 (造)
drobn-é	-ých	-ým	-é	-ých	-ými

drobné　小銭

軟変化型と同じ変化

1404　男性名詞および女性名詞

		1(主),5(呼)	2（生）	3（与）	4（対）	6（前置）	7（造）
単	男	mluvč-í	-ího	-ímu	-ího	-ím	-ím
	女	-í	-í	-í	-í	-í	-í
複		-í	-ích	-ím	-í	-ích	-ími

本書では形容詞軟変化型の変化をする男性名詞は活動体のみ。(複) は通常は複数形で用いられる語であることを表わす。

<男性名詞>

cestující　(複) 旅行者、乗客、旅客

ostatní　(複) 他の人たち

<女性名詞>

noční　夜勤

<男性名詞および女性名詞>

domácí　大家

mluvčí　1. 話し手　2. スポークスマン、報道官

vedoucí　主任、上司

vrchní　給仕長

1405　中性名詞

	1(主),5(呼)	2（生）	3（与）	4（対）	6（前置）	7（造）
単	ostatn-í	-ího	-ímu	-í	-ím	-ím
複	-í	-ích	-ím	-í	-ích	-ími

ostatní　他のこと、その他の件

všední　普段着

2. 形容詞

比：は比較級を表わす。見出し語の後に＋数字あるいは前置詞＋数字が添えられているとき、その数字は格を表わす。

21XX　硬変化型形容詞

硬変化型形容詞変化タイプ一覧

番号	例	ページ
2101	nový	103
2102	drahý	112
2103	velký	112
2104	tichý	114

番号	例	ページ
2105	dobrý	114
2106	lidský	115
2107	typický	117

2101　例：nový「新しい」(-ná, -bý, -dý, -lý, -mý, -ný, -pý, -tý, -vý)

<table>
<tr><th colspan="2"></th><th>1（主）, 5（呼）</th><th>2（生）</th><th>3（与）</th><th>4（対）</th><th>6（前置）</th><th>7（造）</th></tr>
<tr><td rowspan="3">単数</td><td>男</td><td>nov-ý</td><td>-ého</td><td>-ému</td><td>-ého / -ý</td><td>-ém</td><td>-ým</td></tr>
<tr><td>女</td><td>-á</td><td>-é</td><td>-é</td><td>-ou</td><td>-é</td><td>-ou</td></tr>
<tr><td>中</td><td>-é</td><td>-ého</td><td>-ému</td><td>-é</td><td>-ém</td><td>-ým</td></tr>
<tr><td rowspan="3">複数</td><td>男</td><td>-í / -é</td><td rowspan="3">-ých</td><td rowspan="3">-ým</td><td>-é</td><td rowspan="3">-ých</td><td rowspan="3">-ými</td></tr>
<tr><td>女</td><td>-é</td><td>-é</td></tr>
<tr><td>中</td><td>-á</td><td>-á</td></tr>
</table>

/ の前は活動体、後は不活動体。語幹末で子音交替を起こさない。

※双数変化に由来する特殊な複数形をもつ名詞（1226 ～ 1227, 1325 ～ 1329）のうち、複数 7 格（造格）語尾が -ma となる語に対しては、形容詞は -ýma という語尾にする。

< -ná >

vdaná （女性が）結婚している、既婚の

< -bý >

dlouhodobý 比：dlouhodobější 長期間の、長期にわたる

hrubý 比：hrubější, hrubší 1. 粗い、ざらざらした 2. おおよその 3. 無作法な

slabý 比：slabší 1. 弱い、かすかな 2.（お茶などが）薄い

< -dý >

hnědý 比：hnědší 茶色の

chudý 比：chudší 1. 貧しい 2. 乏しい

mladý 比：mladší 若い

šedý 比：šedší 1.灰色の 2.変わりばえのない

tvrdý 比：tvrdší 1. かたい 2. 効力や影響力の大きい 3. 頑固な

< -lý >

bílý 比：bělejší 白い

bývalý かつての、以前の

celý 比：celejší 全部の、全体の、すべての

dokonalý 比：dokonalejší 完全な、完璧な

dospělý 比：dospělejší 大人の、成人の

kyselý 比：kyselejší 1. 酸っぱい 2. 酸性の kyselý déšť' 酸性雨

malý 比：menší 1. 小さい 2. たいしたことのない

milý 比：milejší 1. いとしい、親愛なる 2. 親切な、感じのいい

minulý 過去の、この前の minulý týden 先週

necelý ～に満たない、～弱の

nezávislý 比：nezávislejší 依存しない、独立した

obvyklý 比：obvyklejší 普段の、通常の

podezřelý 比：podezřelejší あやしい、疑わしい muž podezřelý z vraždy 殺人容疑のかかっている男

rozsáhlý 比：rozsáhlejší 広大な、広範な

rychlý 比：rychlejší 速い、急ぎの、たちまちの

skvělý 比：skvělejší すばらしい、卓越した

stálý 比：stálejší 不変の

světlý 比：světlejší 1. 明るい、輝く 2.（色が）薄い

štíhlý 比：štíhlejší ほっそりした、すらりとした

teplý 比：teplejší 暖かい、温かい、暑い、熱い teplá voda お湯

trvalý 比：trvalejší 永続する、長持ちする

umělý　比：umělejší　人工の、人工的な

uplynulý　過ぎ去った

veselý　比：veselejší　陽気な、楽しい、機嫌のよい

závislý　比：závislejší　1. 依存している　chlapec závislý na matce 母親に頼り切っている男の子　2. 中毒の　3. ～次第の

zlý　比：horší, zlejší　1.悪い　2. 意地悪な

zvyklý　比:zvyklejší　慣れている

< -mý >

přímý　比：přímější　1. 直接の　2. 率直な　3. まっすぐな

samý　～のみの、～ばかりの

soukromý　比：soukromější　1. 私的な、個人の　2. 私立の

známý　比：známější　有名な、知られている

zřejmý　比：zřejmější　1. 明らかな、はっきりした、明白な　2. あからさまな

< -ný >

barevný　比:barevnější　1. 色のついた、彩り豊かな　2. 色彩の

bezpečný　比：bezpečnější　安全な、疑いない

běžný　比：běžnější　普通の、ありふれた

cenný　比：cennější　価値のある、高価な、貴重な

černý　比：černější　1. 黒い　2. 暗い　3. 闇の　černý trh 闇市、ブラックマーケット

červený　比：červenější　赤い　Červený kříž 赤十字

čestný　比：čestnější　1. 正直な　2. 誠実な　3. 名誉ある

divný　比：divnější　変な、驚くべき

dostatečný　比：dostatečnější　充分な

drobný　比：drobnější　1. こまかい　2. 零細な、たいしたことのない

důkladný　比：důkladnější　徹底的な

falešný　比：falešnější　見せかけの、偽の　falešné bankovky 偽札

hodný　比：hodnější　1. 親切な　2. 行儀のよい

hrozný　比：hroznější　1. 恐ろしい、こわい　2. ひどい

hubený　比：hubenější　1. やせた　2. 乏しい

chladný　比：chladnější　1. 冷たい、寒い　2. そっけない

jasný　比：jasnější　1. 明るい　2. はっきりした、明白な　3. 晴れた、快晴の

jediný 1. 唯一の 2.（否定文で）ひとつの・ひとりの～も（ない）

jednotný 比：jednotnější 共通の、統一した

jemný 比：jemnější 繊細な

jiný 1. ほかの、別の、違う 2. さらなる

kladný 比：kladnější 1. 肯定の、肯定的な 2. 陽性の

klidný 比：klidnější 1. 静かな、穏やかな 2. 静止した 3. 平気な

komplikovaný 比：komplikovanější 複雑な、込み入った

konečný 比：konečnější 1. 最後の konečná stanice 終点 2. 決定的な

krásný 比：krásnější 1. 美しい 2. すばらしい krásná literatura 小説、創作

laciný 比：lacinější 安い、簡単に手に入る

levný 比：levnější 安い

líný 比：línější 1. 怠惰な、怠け者の 2. 緩慢な

marný 比：marnější 無駄な

mimořádný 比：mimořádnější 1. 並はずれた 2. 特殊な 3. 臨時の

mírný 比：mírnější 1. 穏やかな 2. ほどほどの

možný 比：možnější ありうる、可能な

nádherný 比：nádhernější 立派な、すばらしい

náročný 比：náročnější 1. 要求の多い、厳格な 2. 難しい、つらい

nebezpečný 比：nebezpečnější 危険な、あぶない

nedávný 比：nedávnější 最近の

nemocný 比：nemocnější 病気の

nepříjemný 比：nepříjemnější 1. 不快な、不愉快な 2. やっかいな

nezbytný 比：nezbytnější 必要な、不可欠の

nudný 比：nudnější 退屈な、つまらない

nutný 比：nutnější 必要な、必須の

obecný 比：obecnější 共通の、一般の

oblíbený 比：oblíbenější 1. 好きな、気に入っている 2. 人気のある

obtížný 比：obtížnější 面倒な、難しい

obyčejný 比：obyčejnější 普通の、通常の、よくある

odborný 比：odbornější 専門的な odborný časopis 専門誌

odlišný 比：odlišnější 異なる、違う、別の

odpovědný 比：odpovědnější 責任がある、責任の重い

odvážný 比：odvážnější 勇敢な、勇気のある、大胆な

ochotný 比：ochotnější 親切な、喜んで～する

omezený 比：omezenější 制限された、限られた

opačný 逆の、反対の opačná strana 反対側

opatrný 比：opatrnější 注意深い、用心深い

oprávněný 比：oprávněnější 正当な、公認の oprávněný zástupce 正当な代理人

pěkný 比：pěknější 1. 美しい 2. すてきな 3. 心からの

pevný 比：pevnější 1. かたい 2. 強固な、しっかりした 3. 固体の

písemný 筆記の、書面の

platný 比：platnější 有効な、効力のある

plný +2 比：plnější ～でいっぱいの、満たされた obloha plná hvězd 星でいっぱいの空

podobný +3 比：podobnější 似ている syn podobný otci 父親似の息子

podrobný 比：podrobnější 詳細な、詳しい

podstatný 比：podstatnější 本質的な、根本的な

pohodlný 比：pohodlnější 1. 快適な、心地よい 2. 簡単な 3. 便利な

postižený 比：postiženější 1. 障害をもった 2. 被災した

potřebný 比：potřebnější 必要な vše potřebné k práci 仕事に必要な物全部

povinný 義務の、義務的な、強制的な

pozoruhodný 比：pozoruhodnější 注目に値する、著しい

pravděpodobný 比：pravděpodobnější ありそうな、可能性のある、事実に近い

pravidelný 比：pravidelnější 規則的な、定期的な

prázdný 比：prázdnější 1. 空の、空いている prázdný byt 空き室 2. 空虚な

průměrný 比：průměrnější 平均の、平均的な

přesný 比：přesnější 1. 正しい、正確な 2. ちゃんとした

příbuzný 比：příbuznější 親戚の、同系の jazyky příbuzné češtině チェコ語と同系の言語

přijatelný 比：přijatelnější まあまあの、穏当な、てごろな、無難な

příjemný 比：příjemnější 心地よい、感じのいい

případný 比：případnější ありうる、適切な、ふさわしい

připravený 比：připravenější 用意のできた、準備の整った

přirozený 比：přirozenější 自然な、生まれつきの přirozený výběr 自然淘汰

příslušný 1. 所轄の 2. 当該の 3. 適切な

přísný 比：přísnější 厳格な、厳しい

přítomný 1. 現在の 2. いあわせている studenti přítomní na přednášce 講義に出席している学生たち

rodinný 比：rodinnější 家族の、家族的な

rovný 比：rovnější 1. まっすぐな 2. 平らな 3. 平等な

rozvedený 離婚した

různý 比：různější 1. さまざまな、いろいろな 2. 異なる

samostatný 比：samostatnější 独立した、自立した

samotný 比：samotnější ひとりの、〜だけの

schopný 比：schopnější 有能な、能力のある Je schopná čehokoli. 彼女は何だってできる。

silný 比：silnější 1. 強い、丈夫な、強力な 2. (お茶などが) 濃い

skutečný 比：skutečnější 1. 実際の、実在の 2. 本当の

slaný 比：slanější 塩辛い、塩味の

slavný 比：slavnější 1. 有名な 2. 栄誉ある

slušný 比：slušnější きちんとした

smutný 比：smutnější 悲しい

snadný 比：snadnější, snazší 簡単な、容易な、易しい

současný 比：současnější 1. 現代の v současné době 現代において 2. 同時代の、同時の

spojený 結びついた、連合した、結合した

spokojený s+7 比：spokojenější 〜に満足な

společný 共同の、共通の společný přítel 共通の友人

správný 比：správnější 1. 正しい 2. 適切な

stejný 同じ jít stejným směrem 同じ方向へ行く

strašný　比：strašnější　恐ろしい、ひどい
stříbrný　比：stříbrnější　銀の、銀色の
studený　比：studenější　冷たい、寒い
svobodný　比：svobornější　1. 独身の　2. 独立した　3. 自由な
špatný　比：horší　1. 悪い、悪質な　2. 間違った　špatná odpověď 不正解
šťastný　比：šťastnější　幸福な、幸運の
tajný　比：tajnější　秘密の、密かな
temný　比：temnější　暗い
trestný　罰せられるべき、罰の　trestný čin 犯罪行為
účinný　比：účinnější　効果のある、効き目のある　lék účinný na bolest hlavy 頭痛薬
unavený　比：unavenější　疲れた、疲れている
úplný　比：úplnější　完全な
úspěšný　比：úspěšnější　成功した、よい結果の
uvedený　話題に上った、言及された
uzavřený　比：uzavřenější　1. 閉じられた　2. 閉鎖的な、内向的な
užitečný　比：užitečnější　役に立つ
vážený　比：váženější　尊敬する　Važené dámy a vážení pánové みなさま
vážný　比：vážnější　1. まじめな　2. 深刻な　3. 重大な
věčný　永遠の
veřejný　比：veřejnější　公の、公共の　průzkum veřejného mínění 世論調査
vhodný　比：vhodnější　1. 都合のいい、便利な　2. ふさわしい、適切な
volný　比：volnější　1. 暇な　2. 自由な、空いている　volný čas 余暇
všeobecný　比：všeobecnější　一般的な
výborný　比：výbornější　1. すばらしい　2. 立派な
vybraný　1. えり抜きの　2. 洗練された
výhodný　比：výhodnější　1. 有利な　2. 好都合な
výjimečný　比：výjimečnější　例外的な
výkonný　比：výkonnější　1. 能率的な　2. 実行・執行にかかわる　výkonná moc 執行部
významný　比：významnější　1. 重要な、意味のある　2. 著しい
vzácný　比：vzácnější　貴重な、珍しい

vzájemný　比：vzájemnější　互いの、相互の
vzdálený　比：vzdálenější　離れた、かけ離れた、距離のある
závazný　比：závaznější　拘束力のある、義務のある
závažný　比：závažnější　1. 重大な　2. 深刻な
závěrečný　終わりの、最終的な　závěrečná zkouška 最終試験
zbytečný　比：zbytečnější　1. 不要な、余計な　2. 役に立たない
zelený　比：zelenější　1. 緑の　zelený čaj 緑茶　2. 未熟な
zmíněný　言及された、コメントされた
železný　鉄の
< -pý >
hloupý　比：hloupější　愚かな、ばかな
slepý　比：slepější　1. 盲目の　slepý na levé oko 左目の見えない　2. 行き止まりの
< -tý >
bohatý　比：bohatější, bohatší　1. 豊かな、豊富な　2. 金持ちの
častý　比：častější　しばしば起こる、よくある、頻繁な
čistý　比：čistější, čistší　1. 清潔な、きれいな　2. 純粋な　3. 正味の
důležitý　比：důležitější　重要な、大切な
hustý　比：hustější, hustší　1. 密集した　2. 濃い　hustá mlha 濃霧
jistý　比：jistější, jistší　1. 確かな、確信している　2. ある　3. 安定した
kulatý　比：kulatější　丸い、球形の、円形の
naprostý　完全な、絶対的な
prostý　比：prostější, prostší　1. 簡単な　2. 質素な
rozbitý　比：rozbitější　壊れた、割れた
složitý　比：složitější　1. 複雑な　2. 難しい
svatý　比：světější　1. 聖なる　2. 全き
tlustý　比：tlustější, tlustší　1. 太っている　2. 厚い　3. 脂身の多い
určitý　比：určitější　1. 確かな、はっきりした　2. ある、一定の
zlatý　比：zlatější　金の、金色の
ženatý　(男性が)結婚している、既婚の
žlutý　比：žlutější, žlutší　黄色の
< -vý >
celkový　全体の、全体的な　celkový dojem 全体の印象

časový　時の、時間の

čerstvý　比：čerstvější　新鮮な　čerstvý chléb 焼きたてのパン

daňový　税金の

filmový　比：filmovější　1. 映画の　2. 映画のような

fotbalový　比：fotbalovější　サッカーの、サッカーらしい

hotový　1. 終わった、仕上がった　2. 現金の

jednotlivý　個々の、個別の

klíčový　比：klíčovější　鍵の、キーとなる　klíčové slovo キーワード

laskavý　比：laskavější　親切な、優しい

levý　1. 左の　2. 不器用な　3. 左翼の

lidový　比：lidovější　1. 人民の、民衆の　2. 民俗の

miliardový　無数の、数えきれない

mrtvý　比：mrtvější　1. 死んだ　2. 死んだような

nový　比：novější　新しい　Nový rok 元日

ošklivý　比：ošklivější　1. 醜い　2. いやな、不快な

počítačový　コンピューターの

pravý　1. 右の　2. 本物の　3. 右翼の

průmyslový　比：průmyslovější　工業の、産業の

příznivý　比：příznivější　好意的な、好ましい

růžový　比：růžovější　1. ピンク色の　růžové víno ロゼワイン　2. バラ色の　3. バラの

spolehlivý　比：spolehlivější　信頼できる

světový　比：světovější　世界の、世界的な　světový čas 世界標準時

šedivý　比：šedivější　1. 灰色の　2. 白髪の　3. 単調な

špinavý　比：špinavější　きたない、汚れた

tiskový　印刷の、報道の　tisková chyba 誤植

tmavý　比：tmavší　1. 暗い、薄暗い　2. 暗色の

vlakový　列車の

výběrový　比：výběrovější　1. 精選された　2. 選択の、選択的な

zajímavý　比：zajímavější　おもしろい、興味深い

zdravý　比：zdravější　健康な、健康的な、丈夫な

živý　比：živější　1. 生きている　2. 生き生きした　3. 鮮やかな

2102　例：drahý「(値段が)高い」

		1 (主), 5 (呼)	2 (生)	3 (与)	4 (対)	6 (前置)	7 (造)
単数	男	drah-ý	-ého	-ému	-ého / -ý	-ém	-ým
	女	-á	-é	-é	-ou	-é	-ou
	中	-é	-ého	-ému	-é	-ém	-ým
複数	男	draz-í / drah-é			-é		
	女	-é	-ých	-ým	-é	-ých	-ými
	中	-á			-á		

/ の前は活動体、後は不活動体。男性活動体複数１格(主格)形の語尾 í の前で h が z に交替する。

※双数変化に由来する特殊な複数形をもつ名詞(1226～1227, 1325～1329)のうち、複数７格(造格)語尾が -ma となる語に対しては、形容詞は -ýma という語尾にする。

dlouhý　比：delší　長い

drahý　比：dražší　1. (値段が)高い　2. 貴重な　drahý kámen 宝石

druhý　1. 他の、もう一方の　2. 次の、翌～

mnohý　たくさんの

pouhý　単なる、たったの

2103　例：velký「大きい」

		1 (主), 5 (呼)	2 (生)	3 (与)	4 (対)	6 (前置)	7 (造)
単数	男	velk-ý	-ého	-ému	-ého / -ý	-ém	-ým
	女	-á	-é	-é	-ou	-é	-ou
	中	-é	-ého	-ému	-é	-ém	-ým
複数	男	velc-í / velk-é			-é		
	女	-é	-ých	-ým	-é	-ých	-ými
	中	-á			-á		

/ の前は活動体、後は不活動体。男性活動体複数１格(主格)形の語尾 í

の前で k が c に交替する。

※双数変化に由来する特殊な複数形をもつ名詞（1226 ～ 1227, 1325 ～ 1329）のうち、複数 7 格（造格）語尾が -ma となる語に対しては、形容詞は -ýma という語尾にする。

blízký　比：bližší　1. 近い　2. 親密な、親しい

brzký　比：brzčejší　1. 早い　2. すぐの

daleký　比：další　遠くの、遠い

divoký　比：divočejší　1. 野生の　2.（気性が）荒い

hezký　比：hezčí　1. きれいな　2. すてきな

hladký　比：hladší　1. なめらかな　2. 順調な

hluboký　比：hlubší　深い　hluboký talíř 深皿

horký　比：horčejší　熱い、暑い

hořký　比：hořčejší　苦い

krátký　比：kratší　短い　krátké vlny 短波（放送）

lehký 比：lehčí　1. 軽い　2. 簡単な、容易な、易しい

měkký　比：měkčí　1. やわらかい　měkké patro 軟口蓋　2. 柔和な

mělký　比：mělčejší, mělčí　1. 浅い　2. 表面的な

nízký　比：nižší　低い

prudký　比：prudší　険しい、急激な、急峻な

sladký　比：sladší　1. 甘い　sladká voda 淡水　2. かわいらしい

široký　比：širší　1. 広い　2.（靴や服などが）ゆるい

tenký　比：tenčí　1. 薄い　2. 細い

těžký　比：těžší　1. 重い　2. 難しい　3. つらい

úzký　比：užší　1. 狭い　2.（靴や服などが）きつい

velký / veliký　比：větší　1. 大きい　velká voda 洪水　2. 偉大な

vysoký　比：vyšší　1. 高い　2. 高度な　vysoká škola 大学

2104　例：tichý「静かな」

<table>
<tr><th></th><th></th><th>1（主）, 5（呼）</th><th>2（生）</th><th>3（与）</th><th>4（対）</th><th>6（前置）</th><th>7（造）</th></tr>
<tr><td rowspan="3">単数</td><td>男</td><td>tich-ý</td><td>-ého</td><td>-ému</td><td>-ého / -ý</td><td>-ém</td><td>-ým</td></tr>
<tr><td>女</td><td>-á</td><td>-é</td><td>-é</td><td>-ou</td><td>-é</td><td>-ou</td></tr>
<tr><td>中</td><td>-é</td><td>-ého</td><td>-ému</td><td>-é</td><td>-ém</td><td>-ým</td></tr>
<tr><td rowspan="3">複数</td><td>男</td><td>tiš-í / tich-é</td><td rowspan="3">-ých</td><td rowspan="3">-ým</td><td>-é</td><td rowspan="3">-ých</td><td rowspan="3">-ými</td></tr>
<tr><td>女</td><td>-é</td><td>-é</td></tr>
<tr><td>中</td><td>-á</td><td>-á</td></tr>
</table>

/ の前は活動体、後は不活動体。男性活動体複数 1 格（主格）形の語尾 í の前で ch が š に交替する。

※双数変化に由来する特殊な複数形をもつ名詞（1226 ～ 1227, 1325 ～ 1329）のうち、複数 7 格（造格）語尾が -ma となる語に対しては、形容詞は -ýma という語尾にする。

jednoduchý　比：jednodušší　1. 簡単な、単純な　jednoduchá věta 単文　2. 簡素な

suchý　比：sušší　1. 渇いた、乾燥した　2.（ワインなどが）辛口の

tichý　比：tišší　静かな、おとなしい

2105　例：dobrý「よい」

<table>
<tr><th></th><th></th><th>1（主）, 5（呼）</th><th>2（生）</th><th>3（与）</th><th>4（対）</th><th>6（前置）</th><th>7（造）</th></tr>
<tr><td rowspan="3">単数</td><td>男</td><td>dobr-ý</td><td>-ého</td><td>-ému</td><td>-ého / -ý</td><td>-ém</td><td>-ým</td></tr>
<tr><td>女</td><td>-á</td><td>-é</td><td>-é</td><td>-ou</td><td>-é</td><td>-ou</td></tr>
<tr><td>中</td><td>-é</td><td>-ého</td><td>-ému</td><td>-é</td><td>-ém</td><td>-ým</td></tr>
<tr><td rowspan="3">複数</td><td>男</td><td>dobř-í / dobr-é</td><td rowspan="3">-ých</td><td rowspan="3">-ým</td><td>-é</td><td rowspan="3">-ých</td><td rowspan="3">-ými</td></tr>
<tr><td>女</td><td>-é</td><td>-é</td></tr>
<tr><td>中</td><td>-á</td><td>-á</td></tr>
</table>

/ の前は活動体、後は不活動体。男性活動体複数 1 格（主格）形の語尾 í

の前でrがřに交替する。

※双数変化に由来する特殊な複数形をもつ名詞（1226～1227, 1325～1329）のうち、複数7格（造格）語尾が -ma となる語に対しては、形容詞は -ýma という語尾にする。

dobrý　比：lepší　よい（いい）、おいしい、上手な

chytrý　比：chytřejší　利口な、頭のいい

modrý　比：modřejší　青い

mokrý　比：mokřejší　1. 濡れた　2. 雨の

moudrý　比：moudřejší　賢い

ostrý　比：ostřejší　1. 鋭い、先のとがった　2. からい

starý　比：starší　古い、年老いた　starý zákon 旧約聖書

2106　例：lidský「人間の」

		1（主）, 5（呼）	2（生）	3（与）	4（対）	6（前置）	7（造）
単数	男	lidsk-ý	-ého	-ému	-ého / -ý	-ém	-ým
	女	-á	-é	-é	-ou	-é	-ou
	中	-é	-ého	-ému	-é	-ém	-ým
複数	男	lidšt-í / lidsk-é			-é		
	女	-é	-ých	-ým	-é	-ých	-ými
	中	-á			-á		

/ の前は活動体、後は不活動体。男性活動体複数1格（主格）形の語尾íの前でskがštに交替する。

※双数変化に由来する特殊な複数形をもつ名詞（1226～1227, 1325～1329）のうち、複数7格（造格）語尾が -ma となる語に対しては、形容詞は -ýma という語尾にする。

britský　ブリテンの、イギリスの

brněnský　ブルノの

český　比：češtější　1. チェコ（人・語）の　2. ボヘミアの

dětský　比：dětstější　1. 子どもの、子ども用の　2. 子どものための　dětský lékař 小児科医

evropský　ヨーロッパの　Evropský parlament 欧州議会

francouzský　フランス（人・語）の

horský　比：horštější　山の　horská nemoc 高山病

hospodářský　1. 経済の　2. 農場の

italský　イタリア（人・語）の

japonský　日本（人・語）の

křesťanský　キリスト教の

lékařský　1. 医者の　2. 医学の、医療の

lidský　比：lidštější　1. 人間の　2. 人間味のある

loňský　去年の

městský　比：městštější　町の、市立の　městský úřad 市役所、町役場

moravský　比：moravštější　モラビアの

náboženský　宗教の、宗教的な

občanský　市民の、民間の　občanská válka 内戦、内乱

obrovský　比：obrovštější　巨大な

polský　ポーランド（人・語）の

pražský　プラハの

přátelský　比：přátelštější　好意的な、親しい、友好的な　přátelský zápas 友好試合

rakouský　オーストリア（人）の

ruský　ロシア（人・語）の

slovenský　スロバキア（人・語）の

společenský　比：společenštější　社会の、社交的な　společenský problém 社会問題

tuzemský　1. 国内の　2. 国産の

vojenský　比：vojenštější　軍の、兵士の　vojenská služba 兵役

zemědělský　農業の

zemský　地球の

ženský　比：ženštější　女性の

2107　例：typický「典型的な」

		1（主）, 5（呼）	2（生）	3（与）	4（対）	6（前置）	7（造）
単数	男	typick-ý	-ého	-ému	-ého / -ý	-ém	-ým
	女	-á	-é	-é	-ou	-é	-ou
	中	-é	-ého	-ému	-é	-ém	-ým
複数	男	typičt-í / typick-é			-é		
	女	-é	-ých	-ým	-é	-ých	-ými
	中	-á			-á		

/ の前は活動体、後は不活動体。男性活動体複数 1 格（主格）形の語尾 í の前で ck が čt に交替する。

※双数変化に由来する特殊な複数形をもつ名詞（1226 ～ 1227, 1325 ～ 1329）のうち、複数 7 格（造格）語尾が -ma となる語に対しては、形容詞は -ýma という語尾にする。

americký　アメリカの、アメリカ合衆国の

anglický　イギリス（人）の、イングランドの、英語の

demokratický　比：demokratičtější　民主主義の、民主主義的な

ekologický　比：ekologičtější　1. 生態の、生態学の　2. 環境に優しい

ekonomický　比：ekonomičtější　1. 経済の、経済学の　2. 経済的な　ekonomická třída（飛行機の）エコノミークラス

elektrický　電気の

fyzický　比：fyzičtější　身体の　fyzická práce 肉体労働

historický　比：historičtější　1. 歴史学の　2. 歴史的な、歴史の

chemický　化学の

klasický　比：klasičtější　1. 典型的な　2. 古典的な、クラシックな　klasické jazyky 古典語

komunistický　比：komunističtější　共産主義の

letecký　1. 飛行機の　2. 航空の　letecká linka 航空路線

německý　ドイツ（人・語）の

politický　比：političtější　政治の、政策の、政治的な

poslanecký　議員の

praktický　比：praktičtější　実地の、実際の、実用的な　praktický lékař 一般開業医

sympatický　比：sympatičtější　感じのいい、好感のもてる

technický　1. 技術の、技術上の　2. 工学技術の

teoretický　比：teoretičtější　理論の、理論的な

turistický　観光の、旅行の

typický　比：typičtější　典型的な

umělecký　芸術の、芸術的な、芸術家の

vědecký　比：vědečtější　1. 学問の、科学の　2. 学者の、科学者の

22XX　軟変化型形容詞

2201　例：jarní「春の」(-cí, -ní, -ší, -tí, -zí)

		1（主）, 5（呼）	2（生）	3（与）	4（対）	6（前置）	7（造）
単数	男	jarn-í	-ího	-ímu	-ího / -í	-ím	-ím
	女	-í	-í	-í	-í	-í	-í
	中	-í	-ího	-ímu	-í	-ím	-ím
複数		-í	-ích	-ím	-í	-ích	-ími

/ の前は活動体、後は不活動体。

※双数変化に由来する特殊な複数形をもつ名詞（1226 ～ 1227, 1325 ～ 1329）のうち、複数 7 格（造格）語尾が -ma となる語に対しては、形容詞は -íma という語尾にする。

< -cí >

budoucí　未来の、将来の

domácí　1. 家庭の、自家製の　domácí úkol 宿題　2. 国内の

následující　1. 次の、続く　2. 後述の、以下の

rozhodující　決定的な、重要な

vedoucí　主導的な

vynikající　優れた、優秀な

< -ní >

aktivní　比：aktivnější　活動的な、活発な

aktuální 比：aktuálnější 現実の、目下の
bankovní 銀行の、金銭の
bezpečnostní 安全の、安全のための bezpečnostní pás シートベルト
centrální 比：centálnější 中央の、中心の
cestovní 旅行の
čtvereční 平方の kilometr čtvereční 平方キロメートル
denní 1. 1日の 2. 昼間の 3. 毎日の
divadelní 比：divadelnější 劇場の、演劇の、演劇的な
dnešní 1. 今日の 2. 現代の v dnešní době 現代では
dolní 比：dolejší, dolnější 下の
dopravní 交通の dopravní značka 交通標識
dosavadní これまでの、これまで通りの
finanční 財政上の、財務の、金融の
generální 全般的な、一般的な
hlavní 比：hlavnější 主な、主要な、重要な hlavní město 首都
horní 比：hornější, hořejší 上の
hudební 音楽の
informační 情報の、案内の informační technologie 情報技術、IT
investiční 投資の
jarní 春の
jižní 比：jižnější 南の、南部の Jižní Kříž 南十字星
komerční 比：komerčnější 商業の、商用の
kompletní 比：kompletnější すべてそろった、完全な
konkrétní / konkretní 比：konkrétnější / konkretnější 1. 具体的な 2. 明確な 3. 特定の
kulturní 比：kulturnější 文化の、文化的な
kvalitní 比：kvalitnější 良質の、上等な
letní 夏の letní kino 屋外映画会場
letošní 今年の
literární 比：literárnější 文学の
maximální 最大限の、最大の、最高の
mezinárodní 比：mezinárodnější 国際的な
minimální 最小限の、最小の、最低の
místní 地元の、現地の
moderní 比：modernější 近代の、モダンな、流行っている

náhradní　代用の、代理の、予備の、スペアの　náhradní volno 代休
národní　民族の、国民の
negativní　比：negativnější　否定の、否定的な
noční　夜の　noční služba 夜勤
normální　比：normálnější　正常の
obecní　共同体の、町の、村の
obchodní　ビジネスの、商取引の、商売の　obchodní dům デパート
oficiální　公式な
okresní　1. 地方の　2. 管区の、地区の
originální　比：originálnější　原物の、原本の
osobní　比：osobnější　1. 個人の、個人的な　2. 主観的な　3. 人事の
ostatní　他の、残りの
parlamentní　国会の、議会の
podzimní　秋の
policejní　警察の　policejní stanice 警察署
populární　比：populárnější　人気のある
poslední　比：poslednější　1. 最後の　2. 最近の
pracovní　仕事の、仕事上の　pracovní doba 勤務時間
právní　法の、法律上の、法律関係の
profesionální　比：profesionálnější　プロフェッショナルな、本職の
přední　比：přednější　前の、前方の
přírodní　自然の、天然の
původní　元の、もともとの、本来の
regionální　地方の、地域の
revoluční　比：revolučnější　革命の、革命的な
roční　1. 年の　roční období 季節　2. 1年の、1歳の
severní　比：severnější　北の、北部の
sociální　比：sociálnější　社会の、社会的な
soudní　裁判の、裁判所の
speciální　比：speciálnější　特別な
sportovní　比：sportovnější　スポーツの、スポーツ用の
státní　1. 国家の、国の　2. 国立の
stavební　建築の、建設の
střední　1. 中心の　2. 中型の、Mサイズの
školní　学校の

telefonní　電話の
televizní　テレビの
tradiční　比：tradičnější　伝統の、伝統的な
tržní　市場の　tržní hospodářství 市場経済
úřední　比：úřednější　1. 官公庁の、役所の　2. 公の　3. 執務の
ústřední　比：ústřednější　中央の、中心の、中枢の
vládní　政府の、内閣の
vlastní　比：vlastnější　固有の、独自の、自分の
vnitřní　比：vnitřnější　内部の、内的な
vodní　比：vodnější　水の、水力の、水生の
volební　選挙の、投票の　volební lístek 投票用紙
vrchní　比：vrchnější　上の、上部の、最高の、トップの
všední　比：všednější　普通の、日常の　všední den 平日
východní　比：východnější　東の、東部の　východní délka 東経
výrobní　生産の、製造の
zadní　比：zadnější, zazší　後ろの、後方の
zahraniční　外国の
základní　1. 基礎の、基本の　2. 基礎的な、基本的な
západní　比：západnější　西の、西部の
zdravotní　健康の、健康上の、健康のための　zdravotní pojištění 健康保険
zimní　冬の
zpáteční　帰りの、戻りの　zpáteční adresa 返信用の宛先
zvláštní　比：zvláštnější　特別の、特殊な　zvláštní zpráva 臨時ニュース
železniční　鉄道の
životní　1. 生活の　životní úroveň 生活水準　2. 生命の　3. 人生の

< -ší >

další　1. 次の　2. さらなる、その先の
někdejší　かつての、以前の
nynější　現在の、今の
tehdejší　当時の
včerejší　きのうの
vedlejší　1. 隣の　2. 副次的な、二次的な
vnější　外の、外側の
zdejší　ここの、当地の

< -tí >

příští　次の、未来の、今後の　příští měsíc 来月

< -zí >

cizí　比：cizejší　見知らぬ、他人の、外国の

předchozí　前の、先立つ、以前の

23XX　短語尾形しかない形容詞

2301　例：rád「好きだ」

	男性		女性	中性
	活動体	不活動体		
単数	rád	rád	rád-a	rád-o
複数	rád-i	rád-y	rád-y	rád-a

nerad　気が進まない、いやいや

rád　喜んで、好きだ、うれしい

2301 の短語尾形に対して、21XX と 22XX の形容詞は長語尾形という。現代チェコ語には、長語尾形に加えて短語尾形ももつ形容詞が約 60 語ある。短語尾形は硬変化型（21XX）のうち、性質を表わす語からしかできない。頻度順に短語尾形を 5 つ挙げる。

schopen (< schopný), jist (< jistý), znám (< známý),
ochoten (< ochotný), spokojen (< spokojený)

意味は 2101 で確認のこと。人を意味する語が主語のときに現れやすい。

Nebyl jsem schopen slova. 私は（驚きのあまり）ことばが出なかった。

3．代名詞

見出し語の / は形あるいはつづりのバリエーションを表わす。表の中の記号については各表の下の説明を参照のこと。

31XX 文法性のカテゴリーが形態に現れない代名詞

3101 já, my の変化

	1 (主), 5 (呼)	2 (生)	3 (与)	4 (対)	6 (前置)	7 (造)
単	já	mne ; mě	mně ; mi	mne ; mě	mně	mnou
複	my	nás	nám	nás	nás	námi

セミコロン (;) の前が長形、後が短形。

já 私
my 私たち

3102 ty, vy の変化

	1 (主), 5 (呼)	2 (生)	3 (与)	4 (対)	6 (前置)	7 (造)
単	ty	tebe ; tě	tobě ; ti	tebe ; tě	tobě	tebou
複	vy	vás	vám	vás	vás	vámi

セミコロン (;) の前が長形、後が短形。

ty 君
vy あなた、あなたがた、君たち

32XX　文法性と数のカテゴリーが形態に現れない代名詞

3201　再帰代名詞 sebe の変化

1(主),5(呼)	2（生）	3（与）	4（対）	6（前置）	7（造）
---	sebe	sobě ; si	sebe ; se	sobě	sebou

セミコロン(;)の前が長形、後が短形。

sebe　自分自身

3202　例：kdo「誰」

1(主),5(呼)	2（生）	3（与）	4（対）	6（前置）	7（造）
kdo	koho	komu	koho	kom	kým

kdo　誰、～という人

kdokoli / kdokoliv　誰でも

kdosi　誰か

někdo　誰か

nikdo　誰も～ない

3203　例：co「何」

1(主),5(呼)	2（生）	3（与）	4（対）	6（前置）	7（造）
co	čeho	čemu	co	čem	čím

co　何、～というもの

cokoli / cokoliv　何でも

cosi　何か

což　～というもの

něco　何か

nic　何も～ない

3204　不変化

jeho　彼の、その

jejich　彼らの、彼女らの、それらの

33XX　文法性と数のカテゴリーが形態に現れる代名詞

3301　3人称の人称代名詞の変化

<table>
<tr><th></th><th></th><th>1(主),5(呼)</th><th>2（生）</th><th>3（与）</th><th>4（対）</th><th>6(前置)</th><th>7（造）</th></tr>
<tr><td rowspan="3">単数</td><td>男</td><td>on</td><td>jeho (něho),
jej (něj) ; ho</td><td>jemu
(němu) ;
mu</td><td>jeho (něho),
jej (něj) ; ho /
jej (něj) ; ho</td><td>něm</td><td>jím
(ním)</td></tr>
<tr><td>女</td><td>ona</td><td>jí (ní)</td><td>jí (ní)</td><td>ji (ni)</td><td>ní</td><td>jí (ní)</td></tr>
<tr><td>中</td><td>ono</td><td>jeho (něho),
jej (něj) ; ho</td><td>jemu
(němu) ;
mu</td><td>je (ně),
jej (něj) ; ho</td><td>něm</td><td>jím
(ním)</td></tr>
<tr><td rowspan="3">複数</td><td>男</td><td>oni / ony</td><td rowspan="3">jich (nich)</td><td rowspan="3">jim (nim)</td><td rowspan="3">je (ně)</td><td rowspan="3">nich</td><td rowspan="3">jimi
(nimi)</td></tr>
<tr><td>女</td><td>ony</td></tr>
<tr><td>中</td><td>ona</td></tr>
</table>

セミコロン(;)の前が長形、後が短形、(　)の中は前置詞とともに用いられる形。

/の前が活動体、後が不活動体。

on　彼、それ

ona　彼女、それ、それら

oni　彼ら

ono　それ

ony　彼女ら、それら

3302　例：ten「その」

<table>
<tr><th></th><th></th><th>1(主),5(呼)</th><th>2（生）</th><th>3（与）</th><th>4（対）</th><th>6（前置）</th><th>7（造）</th></tr>
<tr><td rowspan="3">単数</td><td>男</td><td>ten</td><td>toho</td><td>tomu</td><td>toho / ten</td><td>tom</td><td>tím</td></tr>
<tr><td>女</td><td>ta</td><td>té</td><td>té</td><td>tu</td><td>té</td><td>tou</td></tr>
<tr><td>中</td><td>to</td><td>toho</td><td>tomu</td><td>to</td><td>tom</td><td>tím</td></tr>
<tr><td rowspan="3">複数</td><td>男</td><td>ti / ty</td><td rowspan="3">těch</td><td rowspan="3">těm</td><td>ty</td><td rowspan="3">těch</td><td rowspan="3">těmi</td></tr>
<tr><td>女</td><td>ty</td><td>ty</td></tr>
<tr><td>中</td><td>ta</td><td>ta</td></tr>
</table>

/の前が活動体、後が不活動体。

onen　あの、あれ

ten　その、それ

tenhle　この、これ

tento　この、これ

3303　例：náš「私たちの」

		1(主),5(呼)	2（生）	3（与）	4（対）	6（前置）	7（造）
単数	男	náš	našeho	našemu	našeho / náš	našem	naším
	女	naše	naší	naší	naši	naší	naší
	中	naše	našeho	našemu	naše	našem	naším
複数	男	naši / naše	našich	našim	naše	našich	našimi
	女	naše					
	中	naše					

/の前が活動体、後が不活動体。

náš　私たちの

váš　あなたの、君たちの、あなたがたの

3304　関係代名詞 jenž の変化

		1(主),5(呼)	2（生）	3（与）	4（対）	6（前置）	7（造）
単数	男	jenž	jehož (něhož)	jemuž (němuž)	jehož / jejž (něhož / nějž)	němž	jímž (nímž)
	女	jež	jíž (níž)	jíž (níž)	již (niž)	níž	jíž (níž)
	中	jež	jehož (něhož)	jemuž (němuž)	jež (něž)	němž	jímž (nímž)
複数	男	již / jež	jichž, jejichž (nichž, nějichž)	jimž (nimž)	jež (něž)	nichž	jimiž (nimiž)
	女	jež					
	中	jež					

(　)の中は前置詞とともに用いられる形。

/の前が活動体、後が不活動体。

jenž　～というもの

34XX　硬変化型形容詞と同じ変化をする代名詞

3401　例：taková「このような」

		1 (主),5 (呼)	2 (生)	3 (与)	4 (対)	6 (前置)	7 (造)
単数	男	takov-ý	-ého	-ému	-ého / -ý	-ém	-ým
	女	-á	-é	-é	-ou	-é	-ou
	中	-é	-ého	-ému	-é	-ém	-ým
複数	男	-í / -é			-é		
	女	-é	-ých	-ým	-é	-ých	-ými
	中	-á			-á		

/の前が活動体、後が不活動体。硬変化型形容詞 2101 と同じ変化。

každý　それぞれの、毎～

takový　1. このような、こんな、そのような、そういう　2. たいへんな

žádný　（否定文で）1 つも～ない、ひとりも～ない、全然ない

3402　例：který「どの」

		1 (主),5 (呼)	2 (生)	3 (与)	4 (対)	6 (前置)	7 (造)
単数	男	kter-ý	-ého	-ému	-ého / -ý	-ém	-ým
	女	-á	-é	-é	-ou	-é	-ou
	中	-é	-ého	-ému	-é	-ém	-ým
複数	男	kteří / které			-é		
	女	-é	-ých	-ým	-é	-ých	-ými
	中	-á			-á		

/の前が活動体、後が不活動体。硬変化型形容詞 2105 と同じ変化。

který　1. どの、どちらの　2. 〜というもの
kterýkoli / kterýkoliv　どれでも
některý　ある、何かしらの
veškerý　あらゆる

3403　例 : jaký「どのような」

		1 (主), 5 (呼)	2 (生)	3 (与)	4 (対)	6 (前置)	7 (造)
単数	男	jak-ý	-ého	-ému	-ého / -ý	-ém	-ým
	女	-á	-é	-é	-ou	-é	-ou
	中	-é	-ého	-ému	-é	-ém	-ým
複数	男	jací / jaké			-é		
	女	-é	-ých	-ým	-é	-ých	-ými
	中	-á			-á		

/ の前が活動体、後が不活動体。硬変化型形容詞 2103 と同じ変化。

jaký　どのような、〜のような
jakýkoli / jakýkoliv　どんな〜でも
jakýsi　何らかの
nějaký　何らかの、ある、いくらかの

35XX　硬変化型形容詞と一部同じ変化をする代名詞

3501　týž / tentýž の変化

		1 (主), 5 (呼)	2 (生)	3 (与)	4 (対)	6 (前置)	7 (造)
単数	男	týž, tentýž	téhož	témuž	téhož / týž, tentýž	témž, tomtéž, témže	týmž, tímtéž
	女	tatáž, táž	téže	téže	touž, tutéž	téže	touž, toutéž
	中	totéž	téhož	témuž	totéž	témž, tomtéž, témže	týmž, tímtéž
複数	男	tíž, titíž / tytéž			tytéž		
	女	tytéž	týchž	týmž	tytéž	týchž	týmiž
	中	tatáž, táž			tatáž, táž		

/の前が活動体、後が不活動体。, は形態のバリエーション。

týž / tentýž　同一の

3502　sámの変化

		1(主),5(呼)	2（生）	3（与）	4（対）	6（前置）	7（造）
単数	男	sám	samého	samému	samého, sama / sám	samém	samým
	女	sama	samé	samé	samu	samé	samou
	中	samo	samého	samému	samo	samém	samým
複数	男	sami / samy	samých	samým	samy	samých	samými
	女	samy			samy		
	中	sama			sama		

/の前が活動体、後が不活動体。

sám　自身、自ら、1人で

3503　例：můj「私の」

		1(主),5(呼)	2（生）	3（与）	4（対）	6（前置）	7（造）
単数	男	můj	mého	mému	mého / můj	mém	mým
	女	má, moje	mé, mojí	mé, mojí	mou, moji	mé, mojí	mou, mojí
	中	mé, moje	mého	mému	mé, moje	mém	mým
複数	男	mí, moji / mé, moje	mých	mým	mé, moje	mých	mými
	女	mé, moje			mé, moje		
	中	má, moje			má, moje		

/の前が活動体、後が不活動体。, の前が文語形。

můj　私の　　　　tvůj　君の

svůj　自分の、自身の、それなりの

36XX　軟変化型形容詞と同じ変化をする代名詞

3601　例：její「彼女の」

		1(主),5(呼)	2（生）	3（与）	4（対）	6（前置）	7（造）
単数	男	jej-í	-ího	-ímu	-ího / -í	-ím	-ím
	女	-í	-í	-í	-í	-í	-í
	中	-í	-ího	-ímu	-í	-ím	-ím
複数		-í	-ích	-ím	-í	-ích	-ími

/ の前が活動体、後が不活動体。軟変化型形容詞 2108 と同じ変化。

čí　誰の　　　　　　　　　　　　　　její　彼女の、その

37XX　1・4・5 格とそれ以外で語幹の異なる変化

3701　不定代名詞 všechen の変化

<table>
<tr><th></th><th></th><th>1(主),5(呼)</th><th>2（生）</th><th>3（与）</th><th>4（対）</th><th>6(前置)</th><th>7（造）</th></tr>
<tr><td rowspan="3">単数</td><td>男</td><td>všechen</td><td>všeho</td><td>všemu</td><td>všeho / všechen</td><td>všem</td><td>vším</td></tr>
<tr><td>女</td><td>všechna</td><td>vší</td><td>vší</td><td>všechnu</td><td>vší</td><td>vší</td></tr>
<tr><td>中</td><td>všechno, vše</td><td>všeho</td><td>všemu</td><td>všechno, vše</td><td>všem</td><td>vším</td></tr>
<tr><td rowspan="3">複数</td><td>男</td><td>všichni / všechny</td><td rowspan="3">všech</td><td rowspan="3">všem</td><td>všechny</td><td rowspan="3">všech</td><td rowspan="3">všemi</td></tr>
<tr><td>女</td><td>všechny</td><td>všechny</td></tr>
<tr><td>中</td><td>všechna</td><td>všechna</td></tr>
</table>

/ の前が活動体、後が不活動体。

※女性複数主格・呼格・対格には古形 vše もある。

všechen　すべての、あらゆる、全部の

4. 数　詞

見出し語の / は形あるいはつづりのバリエーションを表わす。表の中の記号については各表の下の説明を参照のこと。

41XX　基数詞

4101　0の変化

1（主）	2（生）	3（与）	4（対）	5（呼）	6（前置）	7（造）
nul-a	-y	-e	-u	-o	-e	-ou

女性名詞 škola 1202 と同じ変化。（数字のゼロを表わす場合は複数形もあり）

4102　1の変化

		1（主）, 5（呼）	2（生）	3（与）	4（対）	6（前置）	7（造）
単数	男	jeden	jednoho	jednomu	jednoho / jeden	jednom	jedním
	女	jedna	jedné	jedné	jednu	jedné	jednou
	中	jedno	jednoho	jednomu	jedno	jednom	jedním
複数	男	jedni / jedny	jedněch	jedněm	jedny	jedněch	jedněmi
	女	jedny			jedny		
	中	jedna			jedna		

指示代名詞 ten 3302 と同じ変化。/ の前が活動体、後が不活動体。

4103　例：dva「2」

<table>
<tr><th></th><th>1（主）, 5（呼）</th><th>2（生）</th><th>3（与）</th><th>4（対）</th><th>6（前置）</th><th>7（造）</th></tr>
<tr><td>男</td><td>dva</td><td rowspan="2">dvou</td><td rowspan="2">dvěma</td><td>dva</td><td rowspan="2">dvou</td><td rowspan="2">dvěma</td></tr>
<tr><td>女・中</td><td>dvě</td><td>dvě</td></tr>
</table>

dva　2

oba　両方

4104　3, 4 の変化

1（主）, 5（呼）	2（生）	3（与）	4（対）	6（前置）	7（造）
tři	tří / třech	třem	tři	třech	třemi
čtyři	čtyř / čtyřech	čtyřem	čtyři	čtyřech	čtyřmi

基本は女性名詞 kost 1242 と同じ変化をする。2 格（生格）の / の後は口語形。

4105　例：pět「5」

1（主）, 5（呼）	2（生）	3（与）	4（対）	6（前置）	7（造）
pět	pěti	pěti	pět	pěti	pěti

5 以上の数の多くがこのタイプの変化をする。2 格（生格）、3 格（与格）、6 格（前置格）、7 格（造格）で語尾 i がつく。

čtrnáct　14
devadesát　90
devatenáct　19
dvanáct　12
jedenáct　11
osm　8
osmdesát　80 Cesta kolem světa za osmdesát dní 80 日間世界一周

osmnáct　18
padesát　50
patnáct　15
pět　5
sedm　7
sedmdesát　70
sedmnáct　17
šedesát　60
šest　6

šestnáct　16

třináct　13

4106　9の変化

1（主），5（呼）	2（生）	3（与）	4（対）	6（前置）	7（造）
devět	devíti	devíti	devět	devíti	devíti

2格（生格）、3格（与格）、6格（前置格）、7格（造格）で語尾iがつくときに、語幹の母音がěとí交替する。

4107　例：deset「10」

1（主），5（呼）	2（生）	3（与）	4（対）	6（前置）	7（造）
deset	deseti / desíti	deseti / desíti	deset	deseti / desíti	deseti / desíti

etで終わる基数詞はこのタイプの変化をする。2格（生格）、3格（与格）、6格（前置格）、7格（造格）で語尾iがつくときに、語幹の母音がeとí交替する形としない形の2つがある。

čtyřicet　40

dvacet　20

deset　10

třicet　30

4108　100の変化

	1（主），5（呼）	2（生）	3（与）	4（対）	6（前置）	7（造）
単	st-o	-a	-u	-o	-u	-em
複	-a	set	-ům	-a	-ech	-y

中性名詞mužstvo 1315と同じ変化をする。

4109　2語の組み合わせ

前の語は 4104、後の語は 4108 の複数変化

čtyři sta　400　　tři sta　300

前の語は 4103、後の語は 4108 の複数変化、ただし、1・4 格は stě

dvě stě　200

前の語は 4105、後の語は 4108 の複数変化、ただし 1・4 格は set

osm set　800　　sedm set　700

pět set　500　　šest set　600

前の語は 4106、後の語は 4108 の複数変化、ただし 1・4 格は set

devět set　900

以上のように組み合わせると、devět set devadesát devět　999 まで表わすことができる。

4110　1000 の変化

	1（主）	2（生）	3（与）	4（対）	5（呼）	6（前置）	7（造）
単	tisíc	-e	-i	tisíc	-i	-i	-em
複	-e	tisíc / tisíců	-ům	-e	-e	-ích	-i

男性名詞 stroj 1140 と同じ変化をする。複数 2 格の tisíců は「数千」という意味として用いる。2 語を組み合わせて具体的に「○千」を表わすときは tisíc を用いる。

4111　2語の組み合わせ

前の語は 4103、後の語は 4110 の複数変化（2 格は tisíc）

dva tisíce　2000

前の語は 4104、後の語は 4110 の複数変化（2 格は tisíc）

čtyři tisíce　4000　　tři tisíce　3000

前の語は 4105、後の語は 4110 の複数変化（1・2・4 格は tisíc）

osm tisíc　8000　　sedm tisíc　7000
pět tisíc　5000　　šest tisíc　6000

前の語は 4106、後の語は 4110 の複数変化（1・2・4 格は tisíc）

devět tisíc　9000

前の語は 4107、後の語は 4110 の複数変化（1・2・4 格は tisíc）

čtyřicet tisíc　40000　　dvacet tisíc　20000
deset tisíc　10000　　třicet tisíc　30000

以上のように組み合わせると、devět set devadesát devět tisíc devět set devadesát devět 999,999 まで表わすことができる。

4112　1,000,000 の変化

	1（主）	2（生）	3（与）	4（対）	5（呼）	6（前置）	7（造）
単	milion / milión	-u	-u	milion / milión	-e	-u	-em
複	-y	-ů	-ům	-y	-y	-ech	-y

男性名詞 telefon 1101 と同じ変化をする。

milion / milión も他の数詞と組み合わせると、1,000,000 よりも大きな数を表わせる。

dva miliony / dva milióny 2,000,000　tři miliony / tři milióny 3,000,000
čtyři miliony / čtyři milióny 4,000,000　pět milionů / pět miliónů 5,000,000
šest milionů / šest miliónů 6,000,000...

このようにして、devět set devadesát devět milionů (miliónů) devět set devadesát devět tisíc devět set devadesát devět 999,999,999（9億9千9百99万9千9百99）まで表わせる。

4113　1,000,000,000の変化

	1（主）	2（生）	3（与）	4（対）	5（呼）	6（前置）	7（造）
単	miliard-a	-y	-ě	-u	-o	-ě	-ou
複	-y	miliard	-ám	-y	-y	-ách	-ami

女性名詞 žena 1201 と同じ変化をする。

miliarda も他の数詞と組み合わせると、1,000,000,000よりも大きな数を表わせる。

dvě miliardy　2,000,000,000　tři miliardy　3,000,000,000
čtyři miliardy　4,000,000,000
pět miliard　5,000,000,000　šest miliard　6,000,000,000...

このようにして、devět set devadesát devět miliard devět set devadesát devět milionů (miliónů) devět set devadesát devět tisíc devět set devadesát devět 999,999,999,999まで表わせる。

4114　1,000,000,000,000の変化

	1（主）	2（生）	3（与）	4（対）	5（呼）	6（前置）	7（造）
単	bilion / bilión	-u	-u	bilion / bilión	-e	-u	-em
複	-y	-ů	-ům	-y	-y	-ech	-y

男性名詞 telefon 1101 と同じ変化をする。

42XX　分数・小数

4201　例：desetina「10分の1」

	1（主）	2（生）	3（与）	4（対）	5（呼）	6（前置）	7（造）
単	desetin-a	-y	-ě	-u	-o	-ě	-ou
複	desetin-y	desetin	-ám	-y	-y	-ách	-ami

女性名詞 žena 1201 と同じ変化をする。

čtvrtina　4分の1
desetina　10分の1
pětina　5分の1
setina　100分の1
třetina　3分の1

4202　čtvrt「4分の1」の変化

	1（主）	2（生）	3（与）	4（対）	5（呼）	6（前置）	7（造）
単	čtvrt	čtvrti / -ě	čtvrti	čtvrt	čtvrti	čtvrti	čtvrtí
複	čtvrti / -ě	čtvrtí	čtvrtím	čtvrti / -ě	čtvrti / -ě	čtvrtích	čtvrtěmi

4203　不変化の分数・小数

půl　半分

43XX　順序数詞

4301　例：pátý「5番目の」

<table>
<tr><th></th><th></th><th>1（主）, 5（呼）</th><th>2（生）</th><th>3（与）</th><th>4（対）</th><th>6（前置）</th><th>7（造）</th></tr>
<tr><td rowspan="3">単数</td><td>男</td><td>pát-ý</td><td>-ého</td><td>-ému</td><td>-ého / -ý</td><td>-ém</td><td>-ým</td></tr>
<tr><td>女</td><td>-á</td><td>-é</td><td>-é</td><td>-ou</td><td>-é</td><td>-ou</td></tr>
<tr><td>中</td><td>-é</td><td>-ého</td><td>-ému</td><td>-é</td><td>-ém</td><td>-ým</td></tr>
<tr><td rowspan="3">複数</td><td>男</td><td>-í / -é</td><td rowspan="3">-ých</td><td rowspan="3">-ým</td><td>-é</td><td rowspan="3">-ých</td><td rowspan="3">-ými</td></tr>
<tr><td>女</td><td>-é</td><td>-é</td></tr>
<tr><td>中</td><td>-á</td><td>-á</td></tr>
</table>

形容詞硬変化型2101と同じ変化をする。/の前が活動体、後が不活動体。

čtrnáctý　14番目の
čtvrtý　4番目の
čtyřicátý　40番目の
čtyřstý　400番目の
desátý　10番目の
devadesátý　90番目の
devatenáctý　19番目の
devátý　9番目の
devítistý　900番目の
druhý　2番目の
dvacátý　20番目の
dvanáctý　12番目の
dvoustý　200番目の
jedenáctý　11番目の
kolikátý　何番目の
miliardtý　10億番目の
miliontý　100万番目の
osmdesátý　80番目の
osmistý　800番目の
osmnáctý　18番目の
osmý　8番目の
padesátý　50番目の
patnáctý　15番目の
pátý　5番目の
pětistý　500番目の
sedmdesátý　70番目の
sedmistý　700番目の
sedmnáctý　17番目の
sedmý　7番目の
stý　100番目の
šedesátý　60番目の
šestistý　600番目の

šestnáctý　16番目の
šestý　6番目の
třicátý　30番目の
třináctý　13番目の
třístý　300番目の

4302　例：třetí「3番目の」

		1（主）,5（呼）	2（生）	3（与）	4（対）	6（前置）	7（造）
単数	男	třet-í	-ího	-ímu	-ího / -í	-ím	-ím
	女	-í	-í	-í	-í	-í	-í
	中	-í	-ího	-ímu	-í	-ím	-ím
複数		-í	-ích	-ím	-í	-ích	-ími

形容詞軟変化型 2201 と同じ変化をする。/ の前が活動体、後が不活動体。

první　1番目の、最初の
tisící　1000番目の
třetí　3番目の

44XX　集合数詞

4401　例：dvoje「2」

1（主）,5（呼）	2（生）	3（与）	4（対）	6（前置）	7（造）
dvoj-e	-ích	-ím	-e	-ích	-ími

1・4・5格以外は形容詞軟変化型複数形と同じ語尾をとる。

dvoje　2
troje　3

4402　例：patery「5」

1（主）, 5（呼）	2（生）	3（与）	4（対）	6（前置）	7（造）
pater-y, pater-a	-ých	-ým	-y, -a	-ých	-ými

1・4・5格以外は形容詞硬変化型複数変化と同じ語尾をとる。1格（主格）・5格（呼格）形の , の前は男性および女性形、後は中性形を表わす。

čtvery　4

patery　5

※ pateryより大きいšestery, sedmery... といった集合数詞も存在しますが、頻度が低くなるために本書では扱いません。

45XX　記号数詞

4501　例：trojka「3」

	1（主）	2（生）	3（与）	4（対）	5（呼）	6（前置）	7（造）
単	trojk-a	-y	trojce	-u	-o	trojce	-ou
複	-y	trojek	-ám	-y	-y	-ách	-ami

女性名詞učitelka 1212と同じ変化をする。通常は女性名詞として扱う。

čtyřka　4

desítka　10

dvojka　2

jednička　1

jednotka　1

pětka　5

stovka　100

trojka　3

46XX　不定数詞

4601　例：několik「いくつか」

1（主）, 5（呼）	2（生）	3（与）	4（対）	6（前置）	7（造）
několik	-a	-a	několik	-a	-a

kolik　いくつ、いくら、どのくらい

několik　いくつか

tolik　こんなにも、そんなに多く

4602　mnoho の変化

1（主）, 5（呼）	2（生）	3（与）	4（対）	6（前置）	7（造）
mnoh-o	-a	-a	-o	-a	-a

mnoho　多くの、たくさんの

4603　málo の変化

1（主）, 5（呼）	2（生）	3（与）	4（対）	6（前置）	7（造）
mál-o	-a	-o	-o	-o	-o

2格（生格）形のみ語尾 a。

málo　少し

4604　不変化の不定数詞

pár　少し、2, 3 の

47XX　副詞として機能する数詞

4701　倍数詞

倍数詞はすべて不変化である。

dvakrát　2回、2倍

kolikrát　何度、何倍

několikrát　何度か、数倍

※その他、基数詞＋-krát という形式で、「〜回、〜倍」を表わせる。

5. 動　詞

/は原則として形態あるいはつづりのバリエーションを表わす。L分詞男性複数の -li は活動体、-ly は不活動体。

「受・分」とは受動分詞のこと。「能・分」とは能動分詞のこと。不完了体からは能動現在分詞、完了体からは能動過去分詞ができる。これらの能動分詞は副詞的に機能するので、副動詞現在、副動詞過去ともいう。

原則として、再帰の se あるいは si を伴う動詞には受動分詞は存在しない。それ以外の動詞については、意味の後に存在しない形態の指示がある。

見出し語の後に＋数字（例 +3）あるいは 前置詞＋数字（例 na+6）が添えられているとき、その数字は格を表わす。この情報は日本語の「てにをは」から類推できない場合に限って示した。たとえば hlasovat o+6 / pro+4 のように、間に/があれば、通常はどちらか一方のみをともなうことを示す。それに対して、pohnout +4　k+3 のように間に/がなければ、文として成立するには両方とも必要であることを示す。訳語の（　）の中の数字は格と同一である（例（4）に（3）をするようかきたてる）。

51XX　I型

I型動詞変化タイプ一覧

不定形 -t,　L分詞 – 子音 + l

番号	例	ページ
5101	nést	143
5102	plést	144
5103	vést	144

番号	例	ページ
5104	krást	145
5105	růst	146
5106	číst	146

不定形 -t, L 分詞 – 母音 + l

番号	例	ページ
5107	zvát	147
5108	chápat	147
5109	plavat	148
5110	brát	148
5111	hnát	149
5112	ukázat	150
5113	psát	150

番号	例	ページ
5114	poslat	151
5115	plakat	151
5116	lhát	152
5117	zavřít	152
5118	jet	153
5119	jít	154

不定形 -ct / -ci

番号	例	ページ
5120	téct / téci	155
5121	moct / moci	156

不定形 -t, L 分詞 – 子音 + l

5101　例：nést「(歩いて) 運ぶ」(能動過去分詞の例：unést「誘拐する」)

	現在			命令	L 分詞		
	1	2	3		男	女	中
単	nes-u	-eš	-e	nes	nes-l	-la	-lo
複	-eme	-ete	-ou	-te	-li, -ly	-ly	-la

受・分	動名詞
nesen	nesení

	能動現在分詞	
	男	女・中
単	nesa	nesouc
複	nesouce	

	能動過去分詞	
	男	女・中
単	unes	unesši
複	unesše	

語幹の子音は変わらない。母音は é が e に交替する。

<不完了体>

lézt　1. 這う　2. 登る　受・分なし

nést　1. (歩いて) 運ぶ　2. 支える

vézt　1. (乗り物で) 運ぶ　2. 輸送する

※以上の動詞の未来形は、現在人称変化に接頭辞po-をつける。

＜完了体＞

dovézt　～まで輸送する、運送する

odnést　持ち去る、運び去る

odvézt　(乗り物で) 運び去る

přinést　1. (歩いて) もって来る　2. もたらす

přivézt　(乗り物で) 運びこむ、搬入する

unést　誘拐する

5102　例：plést「編む」

	現在			命令	L分詞		
	1	2	3		男	女	中
単	plet-u	-eš	-e	plet'	plet-l	-la	-lo
複	-eme	-ete	-ou	plet'te	-li, -ly	-ly	-la

受・分	動名詞
pleten	pletení

	能動現在分詞	
	男	女・中
単	pleta	pletouc
複	pletouce	

語幹の子音はsがtに交替し、母音はéがeに交替する。

plést　編む

plést se　1. 干渉する　2. 間違っている

5103　例：vést「導く」(能動過去分詞の例：uvést「述べる」)

	現在			命令	L分詞		
	1	2	3		男	女	中
単	ved-u	-eš	-e	ved'	ved-l	-la	-lo
複	-eme	-ete	-ou	ved'te	-li, -ly	-ly	-la

受・分	動名詞
veden	vedení

	能動現在分詞	
	男	女・中
単	veda	vedouc
複	vedouce	

	能動過去分詞	
	男	女・中
単	uved	uvedši
複	uvedše	

語幹の子音は s が d に交替し、母音は é が e に交替する。

<不完了体>
dovést　できる
vést　1. 連れていく、導く、率いる　2. 経営する（未来形は、現在人称変化に接頭辞 po- をつける）
<完了体>
dovést　連れていく
odvést　1. 連れていく　2.（関心などを）そらす　3. 実施する
povést se　うまくいく、成功する
provést　1. 案内する　2. 実行する
předvést　1. 見せる、展示する　2. 明示する
přivést　1. 連れてくる　2. ある状態に導く、至らしめる
uvést　1. 述べる　2. きっかけとなる　3. 上映・上演する
zavést　1. 連れていく　2. 案内する　3.（ガスなどを）引く

5104　例：krást「盗む」

	現在			命令	L 分詞		
	1	2	3		男	女	中
単	krad-u	-eš	-e	krad’	krad-l	-la	-lo
複	-eme	-ete	-ou	krad’te	-li, -ly	-ly	-la

受・分	動名詞
kraden	kradení

	能動現在分詞	
	男	女・中
単	krada	kradouc
複	kradouce	

語幹の子音は s が d に交替し、母音は á が a に交替する。

klást　置く
krást　盗む

5105　例：růst「育つ」（能動過去分詞の例：vzrůst「大きくなる」）

	現在			命令	L分詞		
	1	2	3		男	女	中
単	rost-u	-eš	-e	rost'	rost-l	-la	-lo
複	-eme	-ete	-ou	rost'te	-li, -ly	-ly	-la

受・分	動名詞
---	rostení

	能動現在分詞	
	男	女・中
単	rosta	rostouc
複	rostouce	

	能動過去分詞	
	男	女・中
単	vzrost	vzrostši
複	vzrostše	

語幹の子音は s が st に交替し、母音は ů が o に交替する。

＜不完了体＞
růst　育つ、成長する

＜完了体＞
vzrůst　大きくなる、増える　受・分、動名詞なし

5106　例：číst「読む」（能動過去分詞の例：přečíst「読み通す」）

	現在			命令	L分詞		
	1	2	3		男	女	中
単	čt-u	-eš	-e	čti	čet-l	-la	-lo
複	-eme	-ete	-ou	čtěte	-li, -ly	-ly	-la

受・分	動名詞
čten	čtení

	能動現在分詞	
	男	女・中
単	čta	čtouc
複	čtouce	

	能動過去分詞	
	男	女・中
単	přečet	přečetši
複	přečetše	

現在語幹 čt-、L 分詞（過去語幹）čet-。

＜不完了体＞
číst　読む、読書する

＜完了体＞
přečíst　読み通す

不定形 -t, L 分詞 – 母音 + l

5107　例：zvát「招く」(能動過去分詞の例：pozvat「招く」)

	現在			命令	L 分詞		
	1	2	3		男	女	中
単	zv-u	-eš	-e	zvi	zva-l	-la	-lo
複	-eme	-ete	-ou	zvěte	-li, -ly	-ly	-la

受・分	動名詞
zván	zvaní

	能動現在分詞	
	男	女・中
単	zva	zvouc
複	zvouce	

	能動過去分詞	
	男	女・中
単	pozvav	pozvavši
複	pozvavše	

命令法 -i, -ěte、L 分詞 -al。

<不完了体>

zvát　招く、呼ぶ

<完了体>

ozvat se　1. 反響する、響く　2. 連絡する　3. 反対の声を挙げる

pozvat　招く、誘う

vyzvat　誘う、呼びかける

5108　chápat の変化

	現在			命令	L 分詞		
	1	2	3		男	女	中
単	cháp-u	-eš	-e	chápej	chápa-l	-la	-lo
複	-eme	-ete	-ou	chápejte	-li, -ly	-ly	-la

受・分	動名詞
chápán	chápání

	能動現在分詞	
	男	女・中
単	chápaje	chápajíc
複	chápajíce	

命令法 -ej, -ejte、L 分詞 -al。

chápat　分かる、理解する、把握する

5109　例：plavat「泳ぐ」（能動過去分詞の例：zklamat「失望させる」）

	現在			命令	L分詞		
	1	2	3		男	女	中
単	plav-u	-eš	-e	plavej / plav	plava-l	-la	-lo
複	-eme	-ete	-ou	plavejte / plavte	-li, -ly	-ly	-la

受・分	動名詞
plaván	plavání

	能動現在分詞	
	男	女・中
単	plavaje	plavajíc
複	plavajíce	

	能動過去分詞	
	男	女・中
単	zklamav	zklamavši
複	zklamavše	

命令法にバリエーション、L 分詞 -al。

＜不完了体＞

plavat　泳ぐ

＜完了体＞

zklamat　失望させる、がっかりさせる Jeho nový film mě zklamal. 彼の新作映画にはがっかりした。

5110　例：brát「取る」（能動過去分詞の例：vybrat「選ぶ」）

	現在			命令	L分詞		
	1	2	3		男	女	中
単	ber-u	-eš	-e	ber	bra-l	-la	-lo
複	-eme	-ete	-ou	-te	-li, -ly	-ly	-la

受・分	動名詞
brán	braní

	能動現在分詞	
	男	女・中
単	bera	berouc
複	berouce	

	能動過去分詞	
	男	女・中
単	vybrav	vybravši
複	vybravše	

現在語幹に e の添加（子 er-）、L 分詞 -al。

＜不完了体＞
brát　1. 取る　2. 服用する
prát　洗濯する、洗う
prát se　けんかする

＜完了体＞
vybrat　1. 選ぶ　2.（預金を）引き出す　3. 集める

5111　例：hnát「追う」（動名詞と能動過去分詞の例：sehnat「努力して手に入れる」）

	現在			命令	L 分詞		
	1	2	3		男	女	中
単	žen-u	-eš	-e	žeň	hna-l	-la	-lo
複	-eme	-ete	-ou	žeňte	-li, -ly	-ly	-la

受・分	動名詞
hnán	sehnání

	能動現在分詞	
	男	女・中
単	žena	ženouc
複	ženouce	

	能動過去分詞	
	男	女・中
単	sehnav	sehnavši
複	sehnavše	

現在語幹 žen-、L 分詞 -al。

＜不完了体＞
hnát　追う、急がせる　動名詞なし（未来形は、現在人称変化に接頭辞 po- をつける）

＜完了体＞
sehnat　1. 努力して手に入れる　2. 追いたてる、追い払う

5112　例：ukázat「見せる」

	現在			命令	L分詞		
	1	2	3		男	女	中
単	ukáž-u	-eš	-e	ukaž	ukáza-l	-la	-lo
複	-eme	-ete	-ou	ukažte	-li, -ly	-ly	-la

受・分	動名詞
ukázán	ukázání

	能動過去分詞	
	男	女・中
単	ukázav	ukázavši
複	ukázavše	

不定形語幹の z は現在語幹で ž に交替する。L 分詞 -al。

<完了体>

dokázat　証明する

prokázat　示す、立証する

ukázat　見せる、示す、指し示す

zakázat　禁止する　vstup zakázán. 立入禁止

<両体>

dokázat　できる　Dokážeš mlčet? 黙っていられる？

5113　例：psát「書く」(能動過去分詞の例：napsat「書き上げる」)

	現在			命令	L分詞		
	1	2	3		男	女	中
単	píš-u	-eš	-e	piš	psa-l	-la	-lo
複	-eme	-ete	-ou	pište	-li, -ly	-ly	-la

受・分	動名詞
psán	psaní

	能動現在分詞	
	男	女・中
単	píše	píšíc
複	píšíce	

	能動過去分詞	
	男	女・中
単	napsav	napsavši
複	napsavše	

現在語幹 píš-、L 分詞 -al。

<不完了体>
psát　書く

<完了体>
napsat　書き上げる、書く
podepsat　署名する、サインする
popsat　記述する、描写する、特徴を述べる

5114　poslat の変化

	現在			命令	L分詞		
	1	2	3		男	女	中
単	pošl-u	-eš	-e	pošli	posla-l	-la	-lo
複	-eme	-ete	-ou	pošlete	-li, -ly	-ly	-la

受・分	動名詞
poslán	poslání

	能動過去分詞	
	男	女・中
単	poslav	poslavši
複	poslavše	

現在語幹 -šl-、L 分詞 -al。

poslat　送る、派遣する　Pošli to dál. これを次の人に回して。

5115　plakat の変化

	現在			命令	L分詞		
	1	2	3		男	女	中
単	pláč-u	-eš	-e	plač / plakej	plaka-l	-la	-lo
複	-eme	-ete	-ou	plačte / plakejte	-li, -ly	-ly	-la

受・分	動名詞
---	plakání

	能動現在分詞	
	男	女・中
単	pláče / plakaje	pláčíc / plakajíc
複	pláčíce / plakajíce	

現在語幹の子音はkがčに交替する。L分詞 -al、命令法と能動現在分詞にバリエーション。

plakat　泣く

5116　lhátの変化

	現在			命令	L分詞		
	1	2	3		男	女	中
単	lž-u	-eš	-e	lži	lha-l	-la	-lo
複	-eme	-ete	-ou	lžete	-li, -ly	-ly	-la

受・分	動名詞
---	lhaní

	能動現在分詞	
	男	女・中
単	lha	lhouc
複	lhouce	

現在語幹の子音はhがžに交替する。L分詞 -al。

lhát　嘘をつく　Nelži mi aspoň ty! せめて君は嘘をつかないでくれ！

5117　例：zavřít「閉める」

	現在			命令	L分詞		
	1	2	3		男	女	中
単	zavř-u	-eš	-e	zavři	zavře-l	-la	-lo
複	-eme	-ete	-ou	zavřete	-li, -ly	-ly	-la

受・分	動名詞
zavřen	zavření

	能動過去分詞	
	男	女・中
単	zavřev	zavřevši
複	zavřevše	

L分詞 -el。

otevřít　開ける

uzavřít　1. 閉める、閉鎖する　2. 締結する

zavřít　1. 閉める、閉じる　2. 閉じ込める

zemřít　死ぬ　受・分なし

5118　例：jet「乗り物で行く」（能動過去分詞の例：projet「（乗り物で・乗り物が）通り抜ける」）

	現在			命令	L 分詞		
	1	2	3		男	女	中
単	jed-u	-eš	-e	jed'	je-l	-la	-lo
複	-eme	-ete	-ou	jed'te	-li, -ly	-ly	-la

受・分	動名詞
jet	jetí

	能動現在分詞	
	男	女・中
単	jeda	jedouc
複	jedouce	

	能動過去分詞	
	男	女・中
単	projev	projevši
複	projevše	

不定形にはなかった子音 d が現在語幹で出現する。L 分詞 -el。

<不完了体>

jet　（乗り物で・乗り物が）行く（未来形は、現在人称変化に接頭辞 po- をつける）

<完了体>

dojet　（乗り物で・乗り物が）着く

odjet　（乗り物で・乗り物が）出発する、旅立つ、出る　受・分なし

projet　（乗り物で・乗り物が）通り抜ける、通り過ぎる

přejet　（乗り物で・乗り物が）1. 渡る、横切る　2. 行きすぎる　3. 轢く

přijet　（乗り物で・乗り物が）来る、到着する

5119　例：jít「歩いて行く」(能動過去分詞の例：najít「見つける」)

	現在			命令	L分詞		
	1	2	3		男	女	中
単	jd-u	-eš	-e	jdi	šel	šla	šlo
複	-eme	-ete	-ou	jděte	šli, šly	šly	šla

受・分	動名詞
jit	jití

	能動現在分詞	
	男	女・中
単	jda	jdouc
複	jdouce	

	能動過去分詞	
	男	女・中
単	našed	našedši
複	našedše	

不定形にはなかった子音 d が現在語幹で出現する。L 分詞 šel, šla...(補充法)。

<不完了体>

jít　1.(歩いて) 行く　2. 機能する(未来形は、現在人称変化に接頭辞 pů- をつける。命令法には pojď, pojďte という形もある)

<完了体>

dojít　1.(歩いて) 着く　2. なくなる、尽きる

najít　見つける、探し出す

obejít　1.(歩いて) 迂回する　2. 回避する　3. 巡回する、回る

obejít se bez+2　～なしで済ませる　Obejdu se i bez tvé rady. 君の助言がなくても大丈夫だ。

odejít　1. 立ち去る　2.(歩いて) 出かける、出発する

projít　1.(歩いて) 通り抜ける、通り過ぎる　2. 目を通す　受・分なし

projít se　散歩する

přejít　1.(歩いて) 渡る、横切る　2. 行き過ぎる　3. 転じる、移行する　受・分なし

přijít　1.(歩いて) 来る、到着する　2.(郵便物などが) 届く　受・分なし

sejít　1.(歩いて) 降りる　sejít po schodech 階段を降りる　2. 消える、それる　受・分なし

sejít se s+7　1. 会う　sejít se s kamarádem 友人と会う　2. 集まる

vejít　(歩いて) 入る　受・分なし

vyjít　1.（歩いて）出る、上がる　2.（太陽などが）昇る　3. 出版する　4. うまくいく　Náš plán bohužel navyšel. 私たちの計画は残念なことにうまくいかなかった。

不定形 -ct / -ci

5120　例：téct / téci「流れる」（能動過去分詞の例：utéct / utéci「逃げる」）

	現在			命令	L 分詞		
	1	2	3		男	女	中
単	teč-u	-eš	-e	teč	tek-l	-la	-lo
複	-eme	-ete	-ou	tečte	-li, -ly	-ly	-la

受・分	動名詞
tečen	tečení

	能動現在分詞	
	男	女・中
単	teče / teka	tečíc / tekouc
複	tečíce / tekouce	

	能動過去分詞	
	男	女・中
単	utek	utekši
複	utekše	

不定形－現在－L 分詞で語幹の子音が c-č-k と交替する。母音はあらゆる形態で é が e に交替する。ただし、obléct se の L 分詞は é のまま。

<不完了体>

téct / téci　1. 流れる　2. 漏れる（通常は 3 人称のみ）

<完了体>

obléct se　着る

utéct / utéci　1. 逃げる、脱出する　2. 過ぎ去る　受・分、動名詞なし

5121　例：moct / moci「できる」(命令、受動分詞、動名詞、能動過去分詞の例：pomoct / pomoci「手伝う」)

	現在			命令	L 分詞		
	1	2	3		男	女	中
単	můžu / mohu	můžeš	může	pomoz	moh-l	-la	-lo
複	můžeme	můžete	můžou / mohou	pomozte	-li, -ly	-ly	-la

受・分	動名詞
pomožen	pomožení

	能動現在分詞	
	男	女・中
単	moha	mohouc
複	mohouce	

	能動過去分詞	
	男	女・中
単	pomoh	pomohši
複	pomohše	

不定形－現在－L 分詞で語幹の子音が c-ž-h と交替する。母音は現在語幹で o が ů に交替する。

<不完了体>

moct / moci　1. ～できる　2. ～かもしれない　命令、受・分、動名詞なし

<完了体>

pomoct / pomoci +3　手伝う、助ける　pomoct dceři s úkolem 娘の宿題を手伝う

52XX　Ⅱ型

Ⅱ型変化タイプ一覧

不定形 -nout, L 分詞 – 子音＋l

番号	例	ページ
5201	vládnout	157
5202	spadnout	158
5203	dopadnout	159
5204	dotknout se	159

番号	例	ページ
5205	ukrást / ukradnout	160
5206	stihnout	160
5207	táhnout	161
5208	zasáhnout	162

不定形 -nout, L 分詞 -nul

番号	例	ページ
5209	posunout	162
5210	pohnout	163

番号	例	ページ
5211	zapomenout	163
5212	odpočinout si	164

不定形 -nout 以外、現在語幹 -n

番号	例	ページ
5213	dostat	165
5214	vstát	165
5215	nalézt	166

番号	例	ページ
5216	začít	166
5217	říct / říci	167

現在語幹 -m

番号	例	ページ
5218	přijmout	167
5219	pronajmout	168

番号	例	ページ
5220	vzít	168

不定形 -nout, L 分詞 – 子音＋l

5201　例：vládnout「支配する」

（受動分詞と能動過去分詞の例：nabídnout「申し出る」）

	現在			命令	L 分詞		
	1	2	3		男	女	中
単	vládn-u	-eš	-e	vládni	vlád-l	-la	-lo
複	-eme	-ete	-ou	vládněte	-li, -ly	-ly	-la

受・分	動名詞
nabídnut	vládnutí

	能動現在分詞	
	男	女・中
単	vládna	vládnouc
複	vládnouce	

	能動過去分詞	
	男	女・中
単	nabídnuv	nabídnuvši
複	nabídnuvše	

受動分詞、動名詞ともに -nut-。

＜不完了体＞

vládnout　1. +3 ～を支配する、統治する　2. 決定権がある　受・分なし

＜完了体＞

dohodnout se　合意に達する

klesnout　下がる、降下する

nabídnout　1. 申し出る　2. 提供する

odhadnout　見積もる、判断する

odmítnout　拒否する、断る

poskytnout　差し出す、与える

proběhnout　1. 経過する　2. 走り抜ける、走りすぎる

prohlédnout　1. 眺める　2. 検査する

rozhodnout　決定する、決める

rozhodnout se　決心する、決める、決まる

sáhnout na+4　～に触れる、さわる　受・分なし

sednout si　座る　sednouti si za stůl テーブルにつく

všimnout si +2　1. 気づく　Nikdo si mé přítomnosti nevšiml. 誰も私がいたことに気づかなかった。 2. 注目する

vzniknout　発生する、起こる　受・分なし

zvednout　もちあげる、上げる

zvednout se　上がる、起き上がる、立ち上がる

zvládnout　処理する、対処する

zvyknout si na+4　～に慣れる　zvyknout si na nové prostředí 新しい環境に慣れる

5202　例：spadnout「落ちる」

	現在			命令	L分詞		
	1	2	3		男	女	中
単	spadn-u	-eš	-e	spadni	spad-l	-la	-lo
複	-eme	-ete	-ou	spadněte	-li, -ly	-ly	-la

受・分	動名詞
spaden	spadnutí

	能動過去分詞	
	男	女・中
単	spadnuv / spad	spadnuvši / spadši
複	spadnuvše / spadše	

受動分詞 -en-、動名詞 -nut-、能動過去分詞にバリエーション。

padnout　1. 落ちる　2. 転ぶ　3. 戦死する　4. 失敗に終わる　受・分なし

spadnout　1. 落ちる　2. 倒れる

5203　例：dopadnout「落ちる」

	現在			命令	L分詞		
	1	2	3		男	女	中
単	dopadn-u	-eš	-e	dopadni	dopad-l	-la	-lo
複	-eme	-ete	-ou	dopadněte	-li, -ly	-ly	-la

受・分	動名詞
dopaden	dopadnutí / dopadení

	能動過去分詞	
	男	女・中
単	dopadnuv / dopad	dopadnuvši / dopadši
複	dopadnuvše / dopadše	

受動分詞 -en-、動名詞と能動過去分詞にバリエーション。

dopadnout　1. 落ちる（動名詞 dopadnutí）　2. ～という結果になる、捕らえる（動名詞 dopadení）

napadnout　1.（雪が）積もる（動名詞 napadnutí）　2. 考えが浮かぶ、思いつく（動名詞 napadnutí）　3. 攻撃する（動名詞 napadení）

5204　dotknout se の変化

	現在			命令	L分詞		
	1	2	3		男	女	中
単	dotkn-u se	-eš se	-e se	dotkni se	dotk-l se / dotknu-l se	-la se	-lo se
複	-eme se	-ete se	-ou se	dotkněte se	-li se, -ly se	-ly se	-la se

受・分	動名詞		能動過去分詞	
			男	女・中
dotčen / dotknut	dotknutí	単	dotknuv se	dotknuvši se
		複	dotknuvše se	

受動分詞にバリエーション -čen / -nut。

dotknout se +2　1. ～にさわる、触れる　2. ～を傷つける

5205　ukrást / ukradnout の変化

	現在			命令	L分詞		
	1	2	3		男	女	中
単	ukradn-u	-eš	-e	ukradni	ukrad-l	-la	-lo
複	-eme	-ete	-ou	ukradněte	-li, -ly	-ly	-la

受・分	動名詞		能動過去分詞	
			男	女・中
ukraden / ukradnut	ukradnutí	単	ukradnuv	ukradnuvši
		複	ukradnuvše	

受動分詞にバリエーション -den / -nut。

ukrást / ukradnout　盗む

5206　例：stihnout「間にあう」

	現在			命令	L分詞		
	1	2	3		男	女	中
単	stihn-u	-eš	-e	stihni	stih-l	-la	-lo
複	-eme	-ete	-ou	stihněte	-li, -ly	-ly	-la

受・分	動名詞
stižen	stihnutí / stižení

	能動過去分詞	
	男	女・中
単	stihnuv	stihnuvši
複	stihnuvše	

受動分詞で語幹の子音 h が ž と交替する。動名詞にバリエーション。

navrhnout　1. 提案する、示唆する　2. 設計する、デザインする

postihnout　1. (災害などが) 襲う　2. 把握する

stihnout　1. 間にあう　stihnout autobus バスに間に合う　2. (災害などが) 襲う

5207　例：táhnout「引く」(能動過去分詞の例：dosáhnout「達する」)

	現在			命令	L分詞		
	1	2	3		男	女	中
単	táhn-u	-eš	-e	táhni	táh-l	-la	-lo
複	-eme	-ete	-ou	táhněte	-li, -ly	-ly	-la

受・分	動名詞
tažen	tažení

	能動現在分詞	
	男	女・中
単	táhna	táhnouc
複	táhnouce	

	能動過去分詞	
	男	女・中
単	dosáhnuv	dosáhnuvši
複	dosáhnuvše	

受動分詞と動名詞で語幹の母音 á が a と、子音 h が ž と交替する。

<不完了体>

táhnout　引く、引っ張る

<完了体>

dosáhnout　1. +2 ～に達する　2. na+4 ～に届く

5208　zasáhnout の変化

	現在			命令	L 分詞		
	1	2	3		男	女	中
単	zasáhn-u	-eš	-e	zasáhni	zasáh-l	-la	-lo
複	-eme	-ete	-ou	zasáhněte	-li, -ly	-ly	-la

受・分	動名詞
zasažen	zasažení / zasahnutí

	能動過去分詞	
	男	女・中
単	zasáhnuv	zasáhnuvši
複	zasáhnuvše	

受動分詞で語幹の母音 á が a と、子音 h が ž と交替する。動名詞にバリエーション。

zasáhnout　1. 命中する　2. 干渉する　3. (災害などが) 襲う

不定形 -nout, L 分詞 -nul

5209　例：posunout「動かす」

	現在			命令	L 分詞		
	1	2	3		男	女	中
単	posun-u	-eš	-e	posuň	posunu-l	-la	-lo
複	-eme	-ete	-ou	posuňte	-li, -ly	-ly	-la

受・分	動名詞
posunut	posunutí

	能動過去分詞	
	男	女・中
単	posunuv	posunuvši
複	posunuvše	

posunout　1. 移動させる　2. (物を) 動かす、(予定などを) 動かす

prominout　1. 許す　Promiňte. すみません。 2. (借金などを) 免除する

shrnout　1. 積み重ねる、1 か所にまとめる　2. 要約する

5210　例：pohnout「動かす」

	現在			命令	L 分詞		
	1	2	3		男	女	中
単	pohn-u	-eš	-e	pohni	pohnu-l	-la	-lo
複	-eme	-ete	-ou	pohněte	-li, -ly	-ly	-la

受・分	動名詞
pohnut	pohnutí

	能動過去分詞	
	男	女・中
単	pohnuv	pohnuvši
複	pohnuvše	

不定形が hnout で終わる語。nout の前が子音であるにもかかわらず L 分詞は nul で終わる。

pohnout　1. +7　〜を動かす　pohnout rukou 手を動かす　2. +4　k+3　(4) に (3) をするようかきたてる

vyhnout se +3　〜を避ける、よける　vyhnout se nebezpečí 危険を回避する

5211　例：zapomenout「忘れる」

	現在			命令	L 分詞		
	1	2	3		男	女	中
単	zapomen-u	-eš	-e	zapomeň	zapomně-l / zapomenu-l	-la	-lo
複	-eme	-ete	-ou	zapomeňte	-li, -ly	-ly	-la

受・分	動名詞
zapomněn / zapomenut	zapomenutí / zapomnění

	能動過去分詞	
	男	女・中
単	zapomněv / zapomenuv	zapomněvši / zapomenuvši
複	zapomněvše / zapomenuvše	

不定形が pomenout で終わる語。L 分詞、受動分詞、動名詞、能動過去

分詞にバリエーション。

připomenout　1. 思い出させる、思い起こさせる　2. 述べる

vzpomenout si na+4　～を思い出す（能・分は vzpomenuv... のみ）

vzpomenout si na přátele 友人たちのことを思い出す

zapomenout　忘れる　zapomenout jeho adresu 彼の住所を忘れる　zapomenout na minulost 昔のことを忘れる

5212　odpočinout si の変化

	現在			命令	L 分詞		
	1	2	3		男	女	中
単	odpočin-u si	-eš si	-e si	odpočiň si	odpočinu-l si / odpoča-l si	-la si	-lo si
複	-eme si	-ete si	-ou si	odpočiňte si	-li si, -ly si	-ly si	-la si

受・分	動名詞
odpočinut / odpočat	odpočinutí / odpočetí

	能動過去分詞	
	男	女・中
単	odpočinuv si / odpočav si	odpočinuvši si / odpočavši si
複	odpočinuvše si / odpočavše si	

L 分詞、受動分詞、動名詞、能動過去分詞に -nu- と -ča- のバリエーション。

odpočinout si　休む、休憩する

不定形 -nout 以外、現在語幹 -n

5213　例：dostat「受け取る」

	現在			命令	L分詞		
	1	2	3		男	女	中
単	dostan-u	-eš	-e	dostaň	dosta-l	-la	-lo
複	-eme	-ete	-ou	dostaňte	-li, -ly	-ly	-la

受・分	動名詞
---	dostání

	能動過去分詞	
	男	女・中
単	dostav	dostavši
複	dostavše	

語幹の音交替がない。

dostat　受け取る、手に入れる

dostat se　着く　Jak se dostanu na nádraží? 駅へはどう行けばいいですか。

nastat　始まる、なる　Nastalo jaro. 春になった。　受・分なし

přestat　1. やめる　Přestal kouřit. 彼はタバコを吸うのをやめた。 2. やむ　Přestalo pršet. 雨がやんだ。　受・分なし

zůstat　1. 残る、い続ける　2. ～し続ける　受・分なし

5214　例：vstát「起きる」

	現在			命令	L分詞		
	1	2	3		男	女	中
単	vstan-u	-eš	-e	vstaň	vsta-l	-la	-lo
複	-eme	-ete	-ou	vstaňte	-li, -ly	-ly	-la

受・分	動名詞
---	vstání

	能動過去分詞	
	男	女・中
単	vstav	vstavši
複	vstavše	

語幹母音 á が動名詞以外の形態で a と交替する。

stát se　1. ～となる　stát se spisovatelem 作家になる　2. 起こる

vstát　1. 起きる　2. 立ち上がる　受・分なし

5215　nalézt の変化

	現在			命令	L 分詞		
	1	2	3		男	女	中
単	nalezn-u	-eš	-e	nalezni	nalez-l	-la	-lo
複	-eme	-ete	-ou	nalezněte	-li, -ly	-ly	-la

受・分	動名詞
nalezen	nalezení

	能動過去分詞	
	男	女・中
単	naleznuv	naleznuvši
複	naleznuvše	

語幹母音 é があらゆる形態で e と交替する。

nalézt　見つける（文語）

5216　začít の変化

	現在			命令	L 分詞		
	1	2	3		男	女	中
単	začn-u	-eš	-e	začni	znača-l	-la	-lo
複	-eme	-ete	-ou	začněte	-li, -ly	-ly	-la

受・分	動名詞
začat	začetí

	能動過去分詞	
	男	女・中
単	začav	začavši
複	začavše	

začít　1. 始める　2. 始まる

5217　říct / říci の変化

	現在			命令	L 分詞		
	1	2	3		男	女	中
単	řekn-u	-eš	-e	řekni	řek-l	-la	-lo
複	-eme	-ete	-ou	řekněte	-li, -ly	-ly	-la

受・分	動名詞
řečen	---

	能動現在分詞	
	男	女・中
単	řka	řkouc
複	řkouce	

říct / říci　いう　※この動詞は完了体だが、能動分詞は現在で、意味も「いいながら」である。

現在語幹 -m

5218　例：přijmout「受け入れる」

	現在			命令	L 分詞		
	1	2	3		男	女	中
単	přijm-u	-eš	-e	přijmi	přija-l	-la	-lo
複	-eme	-ete	-ou	přijměte	-li, -ly	-ly	-la

受・分	動名詞
přijat	přijetí

	能動過去分詞	
	男	女・中
単	přijav	přijavši
複	přijavše	

不定形が -mout で終わる。

přijmout　1. 受け入れる、受ける　2. 採用する、雇う

zaujmout　1. 占める　2. 注意や関心を喚起する

5219　例：pronajmout「賃貸しする」

	現在			命令	L分詞		
	1	2	3		男	女	中
単	pronajm-u	-eš	-e	pronajmi	pronaja-l / pronajmu-l	-la	-lo
複	-eme	-ete	-ou	pronajměte	-li, -ly	-ly	-la

受・分	動名詞
pronajat	pronajmutí

	能動過去分詞	
	男	女・中
単	pronajav / pronajmuv	pronajavši / pronajmuvši
複	pronajavše / pronajmuvše	

不定形が -mout で終わり、L 分詞・能動分詞にバリエーションがある。

pronajmout　賃貸しする

pronajmout si　賃借りする

5220　例：vzít「取る」

	現在			命令	L分詞		
	1	2	3		男	女	中
単	vezm-u	-eš	-e	vezmi	vza-l	-la	-lo
複	-eme	-ete	-ou	vezměte	-li, -ly	-ly	-la

受・分	動名詞
vzat	vzetí

	能動過去分詞	
	男	女・中
単	vzav	vzavši
複	vzavše	

převzít　1. 引き受ける　2. 受け取る　3. 受け継ぐ

vzít　1. 取る、取り上げる　2. 連れていく

vzít se　結婚する

53XX　Ⅲ型

Ⅲ型変化タイプ一覧

不定形 -ovat

番号	例	ページ
5301	kupovat	169

不定形がovatで終わるⅢ型の動詞は、語幹の音交替によるバリエーションがないので、タイプは1つである。

不定形 -ovat 以外

番号	例	ページ
5302	dospět	172
5303	mýt	173
5304	dít se	174

番号	例	ページ
5305	hrát	174
5306	přát	175

Ⅲ型の動詞には、現在時制の単数1人称と複数3人称の語尾にバリエーションがある。/ の前は文語的、後は口語的。

不定形 -ovat

5301　例：kupovat「買う」(能動過去分詞の例：vybudovat「建設し終える」)

	現在			命令	L分詞		
	1	2	3		男	女	中
単	kupuj-i / -u	-eš	-e	kupuj	kupova-l	-la	-lo
複	-eme	-ete	-í / -ou	kupujte	-li, -ly	-ly	-la

受・分	動名詞
kupován	kupování

	能動現在分詞	
	男	女・中
単	kupuje	kupujíc
複	kupujíce	

	能動過去分詞	
	男	女・中
単	vybudovav	vybudovavši
複	vybudovavše	

この表に従って変化する動詞の数は非常に多い。本書で取り上げる頻度数の高い動詞のうち、ほとんどが不完了体である。

<不完了体>

bojovat　戦う、争う

cestovat　旅行する

děkovat　感謝する、お礼をいう　děkovat příteli za pomoc 友人に助けてくれたお礼をいう　受・分なし

diskutovat　討論する

dodržovat　遵守する

doporučovat　勧める、推薦する

dosahovat　1. +2 〜に達する　2. na+4 〜に届く

existovat　1. 存在する、ある　2. 生きる　受・分なし

fungovat　機能する、動く　受・分なし

hlasovat　1. o+6 / pro+4 投票する　hlasovat o návrhu 提案に関して投票する　hlasovat pro toho kandidáta その候補者に投票する

jmenovat se　〜という名前だ、〜と呼ばれる

kupovat　買う

milovat　愛する

následovat　1. 続く、続いて起こる　2. 後をつける、ついて行く

nastupovat　乗車する、乗る

navrhovat　1. 提案する　2. 示唆する　3. 設計する、デザインする

navštěvovat　訪ねる、訪れる

objevovat se　現れる

obsahovat　含む　受・分なし

odhadovat　1. 見積もる　2. 判断する

opakovat　1. 繰り返す　2. 復習する

opravovat　1. 直す、修理する　2. 添削する

ovlivňovat　影響を与える

označovat　1. 印をつける　2. 定める

pamatovat (si)　覚えている

pěstovat　1. 栽培する、育てる　2. とりくむ　pěstovat sport スポーツをする

plánovat　1. 計画する　2. 計画的に進める

podporovat　支援する、支持する、応援する

pohybovat +7　動かす　pohybovat rty 唇を動かす

pohybovat se　1. 動く　2. 活動する

pochybovat o+6　〜を疑う　受・分なし

pokračovat 1. v+6 〜を続ける pokračovat v rozhovoru 会話を続ける 2. 続く

popisovat 記述する、描写する

poskytovat 差し出す、与える

postupovat 進む

potřebovat 必要とする 受・分なし

potvrzovat 1. 確認する 2. 証明する

považovat 〜と見なす považovat ho za přítele 彼を友人とみなす

pozorovat 注意して見る、観察する

požadovat 求める、要求する 受・分なし

pracovat 働く

prosazovat 無理やり押し通す 受・分なし

prosazovat se 思い通りにする

protestovat 抗議する protestovat proti výstavbě dálnice 高速道路の建設に抗議する

představovat 1. 紹介する 2. 表わす 3. 意味する

představovat si 想像する、思い描く

připravovat 1. 用意する、準備する 2. 備える

rozhodovat 決定する、決める

rozhodovat se 決心する、決める、決まる

sledovat 1. 後をつける 2. 注意を向ける、注目する

slibovat 約束する

směřovat 向く

snižovat 1. 引き下げる、低くする 2. 減らす

spolupracovat 協同する、協力して働く、協同作業する 受・分なし

stěžovat si 不平をいう、文句をいう stěžovat si na bolesti v zádech 背中の痛みを訴える

studovat 研究する、勉強する、専攻する

tancovat 踊る

telefonovat 電話する

udržovat 保つ、保持する

ukazovat 示す、指し示す、見せる

umožňovat 可能にする

upozorňovat 1. 注意をひく 2. 警告する

usilovat o+4 〜に努力する、尽力する、苦心する usilovat o spolupráci 協力するよう努力する

uvažovat o+6 熟慮する、熟考する uvažovat o budoucnosti 将来のことをよく考える

uvědomovat si 1. 気づく 2. 悟る

varovat 警告する varovat město před útokem 町に、攻撃に気をつけるよう警告する

vyjadřovat 1. 述べる、表明する 2. 表現する

vystupovat 1. 下車する、降りる 2. 出演する 受・分なし

vysvětlovat 説明する

vyžadovat 1. 要求する 2. 必要とする

zahrnovat 1. ふりかけて覆う 2.（隙間や穴を）つめる 3. 含む

zajišťovat 1. 保証する 2. しっかりと固定する

zvyšovat 高くする、増やす

<完了体>

přestěhovat se 引越す

vybudovat 1. 建設し終える 2. 打ち立てる

<両体>

absolvovat 1. 卒業する absolvovat střední školu 高校を卒業する 2. 最初から最後まで参加する・過ごす

informovat +4 ～に情報を与える、知らせる

investovat do+2 ～に投資する investovat peníze do akcií お金を株につぎこむ

konstatovat 明言する

reagovat na+4 ～に反応する、反応を示す reagovat na světlo 光に反応する 受・分なし

věnovat 捧げる、贈る

不定形 -ovat 以外

5302 例：dospět「成人する」

	現在			命令	L分詞		
	1	2	3		男	女	中
単	dospěj-i / -u	-eš	-e	dospěj	dospě-l	-la	-lo
複	-eme	-ete	-í / -ou	dospějte	-li, -ly	-ly	-la

受・分	動名詞		能動過去分詞	
			男	女・中
dospěn	dospění	単	dospěv	dospěvši
		複	dospěvše	

語幹母音の交替がない。

dospět　1. 成人する　2. 着く

přispět　1. 寄付する　2. 寄与する、貢献する

5303　例：mýt「洗う」(能動過去分詞の例：umýt「洗う」)

	現在			命令	L 分詞		
	1	2	3		男	女	中
単	myj-i / -u	-eš	-e	myj	my-l	-la	-lo
複	-eme	-ete	-í / -ou	myjte	-li, -ly	-ly	-la

受・分	動名詞
myt	mytí

	能動現在分詞	
	男	女・中
単	myje	myjíc
複	myjíce	

	能動過去分詞	
	男	女・中
単	umyv	umyvši
複	umyvše	

不定形で語幹の長母音があらゆる変化形で短母音と交替する。

<不完了体>

bít　1. 打つ、叩く　2. 鼓動する

mýt　洗う

pít　飲む

žít　生きる、暮らす

<完了体>

použít　使う、利用する

prožít　1. 過ごす　prožít dovolenou 休暇を過ごす　2. 経験する、体験する

přežít　1. 生き残る、生き延びる　2. ～よりも長く生きる

umýt　洗う、洗い落とす

využít +2　使う、利用する、活用する

zabít　殺す

5304　dít se の変化

	現在			命令	L分詞		
	1	2	3		男	女	中
単	děj-i se / -u se	-eš se	-e se	děj se	dá-l se / dě-l se	-la se	-lo se
複	-eme se	-ete se	-í se / -ou se	dějte se	-li se, -ly se	-ly se	-la se

受・分	動名詞
---	dění

	能動現在分詞	
	男	女・中
単	děje se	dějíc se
複	dějíce se	

不定形の語幹母音 í があらゆる変化形で ě と交替する。L分詞にバリエーション。

dít se　起こる（通常は3人称のみ）

5305　例：hrát「演奏する」（能動過去分詞の例：zahrát「演奏する」）

	現在			命令	L分詞		
	1	2	3		男	女	中
単	hraj-i / -u	-eš	-e	hraj / hrej	hrá-l	-la	-lo
複	-eme	-ete	-í / -ou	hrajte / hrejte	-li, -ly	-ly	-la

受・分	動名詞
hrán	hraní

	能動現在分詞	
	男	女・中
単	hraje	hrajíc
複	hrajíce	

	能動過去分詞	
	男	女・中
単	zahráv	zahrávši
複	zahrávše	

不定形語幹の長母音 á が現在語幹で短母音の a と交替する。命令法にバリエーション。

＜不完了体＞

hrát 1. 演奏する 2.（スポーツやゲームを）する 3. 演じる

hrát si 遊ぶ

＜完了体＞

prohrát 負ける、負けて失う

vyhrát 勝つ、勝って手に入れる

zahrát 1. 演奏する 2.（スポーツやゲームを）する 3. 演じる

5306 例：přát「望む」（能動過去分詞の例：usmát se「微笑む」）

	現在			命令	L分詞		
	1	2	3		男	女	中
単	přej-i / -u	-eš	-e	přej	přá-l	-la	-lo
複	-eme	-ete	-í / -ou	přejte	-li, -ly	-ly	-la

受・分	動名詞
---	přání

	能動現在分詞	
	男	女・中
単	přeje	přejíc
複	přejíce	

	能動過去分詞	
	男	女・中
単	usmav se	usmavši se
複	usmavše se	

不定形語幹の長母音 á が現在語幹で短母音の e と交替する。

＜不完了体＞

blahopřát 祝辞を述べる、お祝いをいう 受・分なし

přát 望む、願う

smát se +3 1. 笑う smát se všemu 何にでも笑う 2. 嘲笑う 動名詞なし

＜完了体＞

usmát se na+4 微笑む、笑いかける usmát se na mě 私に微笑みかける

※ smát se と usmát se の現在語幹の母音は ě。

54XX　Ⅳ型

Ⅳ型動詞タイプ一覧

不定形 -it

番号	例	ページ
5401	mluvit	177
5402	dělit	178
5403	uvědomit si	181
5404	plnit	181
5405	pálit	182
5406	slíbit	183
5407	bránit	184
5408	mínit	185
5409	kouřit	185
5410	šetřit	186
5411	léčit	187
5412	prosit	187
5413	hlásit	188
5414	ohrozit	189
5415	platit	189

番号	例	ページ
5416	vrátit	190
5417	tvrdit	190
5418	řídit	191
5419	odsoudit	192
5420	pustit	193
5421	hrozit	193
5422	zařadit	194
5423	čistit	194
5424	uvolnit	195
5425	umístit	196
5426	zjistit	196
5427	jezdit	197
5428	končit	197
5429	prodloužit	198

不定形 -ět / -et

番号	例	ページ
5430	trpět	198
5431	letět	199
5432	sedět	200
5433	vidět	200
5434	držet	201
5435	rozumět	202
5436	stavět	203
5437	vracet	203

番号	例	ページ
5438	souviset	204
5439	zmizet	205
5440	bolet	205
5441	záležet	206
5442	znít	206
5443	bydlet / bydlit	207
5444	myslet / myslit	207

5442 znít の不定形は ět で終わっていないが、L 分詞形が ěl のためここに分類した。

不定形 -át

番号	例	ページ
5445	stát, bát se	208
5446	spát	209

不定形 -it

5401　例：mluvit「話す」(能動過去分詞の例：domluvit se「話し合って決める」)

	現在			命令	L分詞		
	1	2	3		男	女	中
単	mluv-ím	-íš	-í	mluv	mluvi-l	-la	-lo
複	-íme	-íte	-í	mluvte	-li, -ly	-ly	-la

受・分	動名詞
mluven	mluvení

	能動現在分詞	
	男	女・中
単	mluvě	mluvíc
複	mluvíce	

	能動過去分詞	
	男	女・中
単	domluviv se	domluvivši se
複	domluvivše se	

基本型。音交替なし。能動現在分詞男性単数がěで終わる。

<不完了体>

bavit　楽しませる

bavit se　1. 楽しむ　2. おしゃべりする

divit se +3　～に驚く、不思議に思う　divit se tomu rozhodnutí その決断に驚く

mluvit　話す

působit　1. 作用する　2. もたらす　3. 効く

zlobit se na+4　～に怒る　zlobit se na svého muže 自分の夫に怒る

<完了体>

domluvit se　話し合って決める、理解し合う

dopravit　輸送する、搬送する

objevit　発見する

objevit se　現れる

omluvit se　あやまる、謝罪する

opravit　1. 直す、修理する　2. 添削する

oslavit　祝う
pochopit　理解する、把握する、分かる
postavit　1. 建てる　2. 立てる、立てて置く　postavit láhev na stůl テーブルに瓶を置く
postavit se　1. 立つ、立ち上がる　2. 反対する
pozdravit　挨拶する　pozdravit sousede 隣人たちに挨拶する
projevit　表わす
promluvit　話す
představit　紹介する
představit si　想像する、思い描く　Představ si! これは驚いた！
překvapit　驚かす
připravit　用意する、準備する、備える
sestavit　組み立てる
upravit　1. 整える　2. 改造する　upravit byt na kancelář 住まいを事務所に改装する
vybavit　（必要なものを）整える
vyrobit　生産する、製造する
vyslovit　1. 発音する　2. 表明する
vystoupit　1. 下車する、降りる　2. 退任する　3. 昇る　4. 出演する　受・分なし
zastavit　止める、中止させる
zastavit se　止まる、立ち寄る
zbavit　除去する、奪う　zbavit pacienta bolesti 患者の痛みを除去する
způsobit　引き起こす、生じさせる
＜両体＞
pravit　知らせる、話す（文語）　受・分なし
stanovit　定める、決定する、確定する

5402　例：dělit「分ける」（能動過去分詞の例：půjčit「貸す」）

	現在			命令	L 分詞		
	1	2	3		男	女	中
単	děl-ím	-íš	-í	děl	děli-l	-la	-lo
複	-íme	-íte	-í	dělte	-li, -ly	-ly	-la

受・分	動名詞
dělen	dělení

	能動現在分詞	
	男	女・中
単	děle	dělíc
複	dělíce	

	能動過去分詞	
	男	女・中
単	půjčiv	půjčivši
複	půjčivše	

5401 と並んでこれも基本型といえる。音交替なし。能動現在分詞男性単数が e で終わる点のみが 5401 と異なる。従って能動過去分詞は同じなので、5401 と 5402 の完了体動詞の変化パターンはまったく同じ。

＜不完了体＞

dařit se　うまくいく　Jak se vám daří? お元気ですか。

dělit　1. 分ける　2. 割り算をする

hovořit　話す、スピーチをする

lišit se　異なる

měřit　1. 計る、測る　2. ～の長さ・大きさだ

mýlit se　間違う

ničit　壊す、だめにする

rušit　1. 邪魔する、妨げる　2. 無効にする

řešit　1. 解決する、解く　2. 処理する

snažit se　努力する、がんばる　snažit se ze všech sil 全力でがんばる

souhlasit s+7　1. ～に賛成する、同意する　2. ～と合う、一致する　受・分なし

těšit se na+4　1. ～を楽しみにする　těšit se na léto 夏を楽しみにする　2. うれしい

tlačit　1. 押す、押しつける　2. 締めつける、窮屈だ　Tlačí mě nové boty. 新しい靴がきつい。

tlumočit　通訳する　tlumočit z češtiny do japonštiny チェコ語から日本語に訳す

tušit　予感がする

tvořit　創作する、創造する

učit　教える　učit žáky němčinu 生徒たちにドイツ語を教える

učit se　学ぶ、勉強する、習う　učit se hru na kytaru ギターを習う

vařit　1. 料理する、煮る　2. 沸かす

věřit　1. +3 信じる、信用する　věřit zprávě ニュースを信じる　2. v+4 信仰する　věřit v boha 神を信じる

volit　選ぶ、投票する

<完了体>

doporučit　勧める、推薦する

dovolit　許可する、許す

dovolit si　敢えて〜する

naučit　教えこむ、訓練する

naučit se　習得する、覚える

odložit　1. 延期する　2. 脇へ置く

omezit　1. 制限する、限定する　2. 削減する

otočit　回す、向きを変える、ひっくり返す

ověřit　検証する、立証する

označit　1. 印をつける　2. 定める

podařit se　うまくいく、成功する

podpořit　支援する、支持する、応援する

položit　1. 置く　2. 敷設する

položit se　横になる

porušit　1.（約束や法律などを）破る、違反する　2. 破損する、壊す

posílit　強くする、強化する

potěšit　1. 喜ばせる　2. 慰める

povolit　1. 認可する、許可する　Kouření povoleno. 喫煙可　2. 緩める

předložit　1. 差し出す　2. 提案する

překročit　1.（限度を）超える　2. 歩いて越える　3.（法などを）犯す

přeložit　1. 翻訳する　2. 移す　3. 異動させる　4. 延期する

přerušit　中断する、（話を）さえぎる

připojit　1. つけ加える、添える、添付する　2. つなげて1つにする

půjčit　貸す　půjčit kamarádovi knihu 友人に本を貸す

půjčit si　借りる　půjčit si od kamaráda peníze 友人からお金を借りる

rozdělit se　分かれる

rozšířit　1. 拡大する、拡張する　2. 広める

sdělit　知らせる、伝える

spojit　1. 結びつける、つなぐ　2. 関連づける

svěřit　1. 任せる　2. 信任する

uložit　1. しまう　2. 寝かせる　3. 貯金する

vyřešit　解決する、解く

vytvořit　作りだす、創造する

založit　1. 創設する、創立する　2. 入れる　3. ファイルする

zaměřit　（注意などを）向ける

zničit　破壊する、損なう

zrušit　取り消す、キャンセルする、無効にする

zvítězit　勝つ　受・分なし

zvolit　選ぶ、選出する

<両体>

stačit　充分だ、間にあう　受・分なし

5403 uvědomit si の変化

	現在			命令	L分詞		
	1	2	3		男	女	中
単	uvědom-ím si	-íš si	-í si	uvědom si	uvědomi-l si	-la si	-lo si
複	-íme si	-íte si	-í si	uvědomte si	-li si, -ly si	-ly si	-la si

受・分	動名詞
uvědomen / uvědoměn	uvědomení / uvědomění

	能動過去分詞	
	男	女・中
単	uvědomiv si	uvědomivši si
複	uvědomivše si	

受動分詞と動名詞にバリエーション。

uvědomit si　気づく、悟る

5404 例：plnit「満たす」(能動過去分詞の例：ocenit「評価する」)

	現在			命令	L分詞		
	1	2	3		男	女	中
単	pln-ím	-íš	-í	plň	plni-l	-la	-lo
複	-íme	-íte	-í	plňte	-li, -ly	-ly	-la

受・分	動名詞
plněn	plnění

	能動現在分詞	
	男	女・中
単	plně	plníc
複	plníce	

	能動過去分詞	
	男	女・中
単	oceniv	ocenivši
複	ocenivše	

不定形が nit, dit で終わる動詞。音交替はないが、命令法の綴りが n は ň と、d は ď となる。

＜不完了体＞
činit　する、おこなう（文語）
　受・分なし

měnit　1. 変える　2. 取りかえる、交換する　měnit koruny za dolary コルナをドルに換える

plnit　1. いっぱいにする、満たす　plnit láhev mlékem 瓶を牛乳で満たす　2. (約束などを) 果たす、実現する

radit　助言する

vadit　妨げる、邪魔だ、差しさわりがある　To vůbec nevadí. 全然かまいません。　受・分なし

vodit　(繰り返し) 連れていく、導く

<完了体>

doplnit　(つけたして) 満たす、全部そろえる

naplnit　1. 満たす、いっぱいにする　2. 実現する (文語)

obvinit　告発する、告訴する　obvinit ho z vraždy 彼を殺人の罪で告発する

ocenit　1. 評価する　2. 価格を決める　ocenit byt na dva milióny アパートの価格を200万とする

odstranit　除去する

oženit se　結婚する (男)

poradit　助言する、推薦する

soustředit se　集中する

splnit　1. (約束を) 果たす　2. (望みを) かなえる

učinit　する、おこなう (文語)　učinit pokus 実験をおこなう

vyměnit　交換する、取りかえる

změnit　変える

zranit se　怪我をする

5405　例：pálit「燃える」(能動過去分詞の例：strávit「消化する」)

	現在			命令	L分詞		
	1	2	3		男	女	中
単	pál-ím	-íš	-í	pal	páli-l	-la	-lo
複	-íme	-íte	-í	palte	-li, -ly	-ly	-la

受・分	動名詞
pálen	pálení

	能動現在分詞	
	男	女・中
単	pále	pálíc
複	pálíce	

	能動過去分詞	
	男	女・中
単	stráviv	strávivši
複	strávivše	

命令法で語幹母音 á が a と交替する。語数がそれほど多くないので、能

動現在分詞男性単数の形が ě で終わるか e で終わるかで分けることはしない。下に挙げた不完了体動詞のうち、trávit のみこの形が trávě となる。

<不完了体>

pálit　1. 燃える　2. 燃やす、焼く　3. ひりひりする

trávit　1. 消化する　2. 過ごす　trávit dovolenou u moře 休暇を海辺で過ごす

vážit　1. (重さを) 量る　2. 重さがある

vážit si +2　～を尊敬する、～に重きをおく

<完了体>

oznámit　知らせる、通知する

seznámit se　知りあう

schválit　承認する、認可する、同意する

strávit　1. 消化する　2. 過ごす

zahájit　(式典などを) 始める、開会する

5406　例：slíbit「約束する」(能動現在分詞の例：líbit se「気に入る」)

	現在			命令	L 分詞		
	1	2	3		男	女	中
単	slíbí-m	-íš	-í	slib	slíbi-l	-la	-lo
複	-íme	-íte	-í	slibte	-li, -ly	-ly	-la

受・分	動名詞
slíben	slíbení

	能動現在分詞	
	男	女・中
単	líbě se	líbíc se
複	líbíce se	

	能動過去分詞	
	男	女・中
単	slíbiv	slíbivši
複	slíbivše	

命令法で語幹の長母音 í または ý がそれぞれ短母音の i, y に交替する。語数が多くないので、本書では能動現在分詞男性単数の形が ě で終わるか e で終わるかで分けることはしない。下に挙げた不完了体動詞のうち、blížit se の能動現在分詞男性単数形は、blíže se となる。

＜不完了体＞

blížit se k+3　～に近づく、寄る

líbit se +3　～の気に入る、好きだ　Jak se vám líbí Tokio? 東京はいかがですか。

＜完了体＞

navštívit　訪ねる、訪れる

přiblížit se k+3　～に近づく

slíbit　約束する

snížit　1. 引き下げる、下げる、低くする　2. 減らす

zvýšit　1. 高くする　2. 増やす　zvýšit zaměstnancům mzdy 従業員の給料を上げる

5407　例：bránit「守る」(能動過去分詞の例：zabránit「防ぐ」)

	現在			命令	L分詞		
	1	2	3		男	女	中
単	brán-ím	-íš	-í	braň	bráni-l	-la	-lo
複	-íme	-íte	-í	braňte	-li, -ly	-ly	-la

受・分	動名詞
bráněn	bránění

	能動現在分詞	
	男	女・中
単	bráně	bráníc
複	báníce	

	能動過去分詞	
	男	女・中
単	zabrániv	zabránivši
複	zabránivše	

語幹に長母音 á をもち、nit で終わる語。命令法で語幹母音 á が a と交替し、綴りが n は ň となる。

＜不完了体＞

bránit　1. +4 ～を守る、防ぐ　2. +3 v+6 (3) が (6) することを妨げる

bránit se　身を守る、抵抗する、反抗する

chránit　守る

＜完了体＞

zabránit　防止する、防ぐ

zachránit　救う、救助する

zachránit se　救われる、助かる

5408　例：mínit「考える」(能動過去分詞の例：zmínit se「言及する」)

	現在			命令	L分詞		
	1	2	3		男	女	中
単	mín-ím	-íš	-í	miň	míni-l	-la	-lo
複	-íme	-íte	-í	miňte	-li, -ly	-ly	-la

受・分	動名詞
míněn	mínění

	能動現在分詞	
	男	女・中
単	míně	míníc
複	mínice	

	能動過去分詞	
	男	女・中
単	zmíniv se	zmínivši se
複	zmínivše se	

語幹に長母音 í をもち、nit, tit で終わる語。命令法で語幹母音 í が i と交替し、綴りが n は ň に、t は t' となる。

＜不完了体＞
cítit　感じる、においを感じる
cítit se　(健康状態を) 感じる
　Jak se cítíš? 気分はどう？
mínit　考える、意図する
＜完了体＞
zmínit se　1. 言及する　2. 簡潔に述べる

5409　例：kouřit「たばこを吸う」(能動過去分詞の例：koupit「買う」)

	現在			命令	L分詞		
	1	2	3		男	女	中
単	kouř-ím	-íš	-í	kuř	kouři-l	-la	-lo
複	-íme	-íte	-í	kuřte	-li, -ly	-ly	-la

受・分	動名詞
kouřen	kouření

	能動現在分詞	
	男	女・中
単	kouře	kouříc
複	kouříce	

	能動過去分詞	
	男	女・中
単	koupiv	koupivši
複	koupivše	

語幹に二重母音 ou をもつ語。命令法で ou は u と交替する。

<不完了体>

kouřit　1. たばこを吸う　2. 煙を出す

sloužit　1. 仕える　2. 役に立つ　K čemu to slouží? それは何に使うのか。

<完了体>

koupit　買う

nakoupit　買い込む、買い物をする

nastoupit　1. 乗車する、乗る　nastoupit do auta　車に乗る　2. 開始する

přestoupit　1. 乗り換える　2. 転科・転部する

přistoupit　1. 歩み寄る、近づく　2. 同意する　přistoupit na návrh 提案に同意する

vstoupit　1. 入る　Vstupte. どうぞ（お入りください）。2. 加入する、一員となる　受・分なし

vyloučit　排除する、追放する

zasloužit　値する、ふさわしい

5410　例：šetřit「節約する」（能動過去分詞の例：ušetřit「節約する」）

	現在			命令	L分詞		
	1	2	3		男	女	中
単	šetř-ím	-íš	-í	šetř / šetři	šetři-l	-la	-lo
複	-íme	-íte	-í	šetřte / šetřete	-li, -ly	-ly	-la

受・分	動名詞
šetřen	šetření

	能動現在分詞	
	男	女・中
単	šetře	šetříc
複	šetříce	

	能動過去分詞	
	男	女・中
単	ušetřiv	ušetřivši
複	ušetřivše	

třit, dčit で終わる語。命令法にバリエーション。

<不完了体>

patřit　1. k+3 〜に属する　2. +3 〜のものだ　受・分なし

svědčit　証言する、証拠だ

šetřit　節約する、倹約する、貯蓄する

<完了体>

přesvědčit　説得する

přesvědčit se o+6　〜を確信する、納得する

ušetřit　1. 節約する、貯蓄する　2.（不愉快なことを）免じてやる

5411　léčitの変化

	現在			命令	L分詞		
	1	2	3		男	女	中
単	léč-ím	-íš	-í	léči / leč	léči-l	-la	-lo
複	-íme	-íte	-í	léčete / lečte	-li, -ly	-ly	-la

受・分	動名詞
léčen	léčení

	能動現在分詞	
	男	女・中
単	léče	léčíc
複	léčíce	

命令法にバリエーション。

léčit　治療する　léčit nemocného na chřipku 病人のインフルエンザを治療する

5412　例：prosit「頼む」(能動過去分詞の例：zkusit「試す」)

	現在			命令	L分詞		
	1	2	3		男	女	中
単	pros-ím	-íš	-í	pros	prosi-l	-la	-lo
複	-íme	-íte	-í	proste	-li, -ly	-ly	-la

受・分	動名詞
prošen	prošení

	能動現在分詞	
	男	女・中
単	prose	prosíc
複	prosíce	

	能動過去分詞	
	男	女・中
単	zkusiv	zkusivši
複	zkusivše	

sitで終わる語。受動分詞と動名詞で語幹の子音sがšと交替する。

＜不完了体＞

nosit　1. 持ち歩く　2. 身につけている　3. (繰り返し) 運ぶ

prosit　頼む　prosit ho za radu 彼に助言を頼む

＜完了体＞

pokusit se o+4　1. 試みる　pokusit se o restauraci 修復を試みる　2. 努力する、努める

zkusit　試す、～してみる　受・分なし

5413　例：hlásit「知らせる」(能動過去分詞の例：ohlásit「知らせる」)

	現在			命令	L分詞		
	1	2	3		男	女	中
単	hlás-ím	-íš	-í	hlas	hlási-l	-la	-lo
複	-íme	-íte	-í	hlaste	-li, -ly	-ly	-la

受・分	動名詞
hlášen	hlášení

	能動現在分詞	
	男	女・中
単	hláse	hlásíc
複	hlásíce	

	能動過去分詞	
	男	女・中
単	ohlásiv	ohlásivši
複	ohlásivše	

語幹に長母音 á をもち、sit で終わる語。命令法で á は a と交替し、受動分詞と動名詞で s が š と交替する。

＜不完了体＞

hlásit　1. 知らせる　2. 公表する　3. 報告する

hlásit se　1. 届け出る　2. 出向く

＜完了体＞

ohlásit　1. 知らせる　2. 公表する　3. 報告する

prohlásit　きっぱりという、公表する

přihlásit　1. 登録する　přihlásit dítě do školy 子どもを学校に登録する　2. 申告する

přihlásit se　1. 申し込む　2. ログインする

vyhlásit　1. 公表する　2. 宣言する

5414　例：ohrozit「危険にさらす」

	現在			命令	L分詞		
	1	2	3		男	女	中
単	ohroz-ím	-íš	-í	ohroz	ohrozi-l	-la	-lo
複	-íme	-íte	-í	ohrozte	-li, -ly	-ly	-la

受・分	動名詞
ohrožen	ohrožení

	能動過去分詞	
	男	女・中
単	ohroziv	ohrozivši
複	ohrozivše	

zit で終わる語。受動分詞と動名詞で語幹の子音 z が ž と交替する。

narazit　1. ぶつかる、当たる　2. ぶつける　3. 直面する　4. 偶然出会う

ohrozit　危険にさらす

porazit　打ち倒す

5415　例：platit「払う」(能動過去分詞の例：ztratit「失う」)

	現在			命令	L分詞		
	1	2	3		男	女	中
単	plat-ím	-íš	-í	plat’	plati-l	-la	-lo
複	-íme	-íte	-í	plat’te	-li, -ly	-ly	-la

受・分	動名詞
placen	placení

	能動現在分詞	
	男	女・中
単	platě	platíc
複	platíce	

	能動過去分詞	
	男	女・中
単	ztrativ	ztrativši
複	ztrativše	

tit で終わる語。受動分詞と動名詞で t (i の前なので正確には t’) が c と交替する。

<不完了体>

hodnotit　評価する

nutit　強いる、押しつける

platit　1. 払う　2. 有効だ

<完了体>

donutit　強要する、強いる

chytit　つかまえる、捕らえる

vyplatit　(給料・報酬などを) 払う

zaplatit　支払う、払う

ztratit　失う、なくす

ztratit se　1. なくなる　2. 迷子になる　3. 消える

5416　例：vrátit「返す」

	現在			命令	L分詞		
	1	2	3		男	女	中
単	vrát-ím	-íš	-í	vrat'	vráti-l	-la	-lo
複	-íme	-íte	-í	vrat'te	-li, -ly	-ly	-la

受・分	動名詞
vrácen	vrácení

	能動過去分詞	
	男	女・中
単	vrátiv	vrátivši
複	vrátivše	

語幹に長母音áをもちtitで終わる語。命令法でáは短母音のaと交替し、受動分詞と動名詞でt (iの前なので正確にはt') がcと交替する。

obrátit　1. ひっくり返す　2. 向きを変える　3. (ページなどを) めくる　動名詞なし

obrátit se　1. ひっくり返る　2. 振り返る、向きが変わる

vrátit　返す、(元の場所へ) 戻す

vrátit se　帰る、戻る

5417　例：tvrdit「主張する」(能動過去分詞の例：hodit「投げる」)

	現在			命令	L分詞		
	1	2	3		男	女	中
単	tvrd-ím	-íš	-í	tvrd'	tvrdi-l	-la	-lo
複	-íme	-íte	-í	tvrd'te	-li, -ly	-ly	-la

受・分	動名詞
tvrzen	tvrzení

	能動現在分詞	
	男	女・中
単	tvrdě	tvrdíc
複	tvrdíce	

	能動過去分詞	
	男	女・中
単	hodiv	hodivši
複	hodivše	

dit で終わる語。受動分詞と動名詞で d (i の前なので正確には ď) が z と交替する。

<不完了体>
chodit　1. (方向を定めずに) 歩く　2. (歩いて) 通う　3. つきあう
tvrdit　1. 主張する、いいはる　2. 断言する
<完了体>
hodit　投げる
nahradit　1. 取り換える　2. 代わりをつとめる　3. 償う
narodit se　生まれる
nasadit　据えつける
obsadit　1. 占める　2. (役職などに) 就かせる
poškodit　害する、傷める、損傷する、損なう
potvrdit　1. 確認する　2. 証明する
probudit　起こす
probudit se　起きる、目覚める
prosadit　無理やり押し通す　prosadit svůj názor 自分の意見を無理に押し通す
prosadit se　思い通りにする
uklidit　掃除する、片づける
vyhodit　1. 投げ上げる　2. 爆破する　3. 捨てる　4. 追い出す
zasadit　1. 植える　2. はめ込む　3. あてはめる
<両体>
hodit se　1. 合う、好都合だ　2. 適する　3. 調和する

5418　例：řídit「運転する」(能動過去分詞の例：nařídit「(時計を) 合わせる」)

	現在			命令	L 分詞		
	1	2	3		男	女	中
単	říd-ím	-íš	-í	řiď	řídi-l	-la	-lo
複	-íme	-íte	-í	řiďte	-li, -ly	-ly	-la

受・分	動名詞
řízen	řízení

	能動現在分詞	
	男	女・中
単	řídě	řídíc
複	řídíce	

	能動過去分詞	
	男	女・中
単	nařídiv	nařídivši
複	nařídivše	

語幹に長母音 í をもち dit で終わる語。命令法で í は短母音の i と交替し、受動分詞と動名詞で d (i の前なので正確には d') が z と交替する。

＜不完了体＞

řídit　1. 運転する　2. 指図する　3. 経営する

＜完了体＞

nařídit　1. (時間を) 合わせる　2. 命令する

zařídit　1. 手配する　2. 設備を取りつける

5419　odsoudit の変化

	現在			命令	L 分詞		
	1	2	3		男	女	中
単	odsoud-ím	-íš	-í	odsuď	odsoudi-l	-la	-lo
複	-íme	-íte	-í	odsuďte	-li, -ly	-ly	-la

受・分	動名詞
odsouzen	odsouzení

	能動過去分詞	
	男	女・中
単	odsoudiv	odsoudivši
複	odsoudivše	

語幹に二重母音 ou をもち dit で終わる語。命令法で ou は u と交替し、受動分詞と動名詞で d (i の前なので正確には d') が z と交替する。

odsoudit　1. 有罪の判決を下す　2. 非難する

5420　例：pustit「放す」

	現在			命令	L分詞		
	1	2	3		男	女	中
単	pust-ím	-íš	-í	pust’	pusti-l	-la	-lo
複	-íme	-íte	-í	pust’te	-li, -ly	-ly	-la

受・分	動名詞
puštěn	puštění

	能動過去分詞	
	男	女・中
単	pustiv	pustivši
複	pustivše	

受動分詞と動名詞で s が š と交替する。

opustit　1. 見捨てる　2. 去る　3. 退職する

propustit　1. 解放する　2. 解雇する　3. 通す

připustit　認める、同意する

pustit　1. 放す　2. 落とす　3. 自由にする、行かせる　4. 作動させる

pustit se　1. do+2 〜にとりかかる　pustit se do boje　戦いだす　2. 出発する

5421　例：hrozit「脅す」

	現在			命令	L分詞		
	1	2	3		男	女	中
単	hroz-ím	-íš	-í	hroz	hrozi-l	-la	-lo
複	-íme	-íte	-í	hrozte	-li, -ly	-ly	-la

受・分	動名詞
hrožen / hrozen	hrožení / hrození

	能動現在分詞	
	男	女・中
単	hroze	hrozíc
複	hrozíce	

受動分詞と動名詞にバリエーション。

hrozit　1. 脅す、脅迫する　2. ～の恐れがある

vozit　1.（繰り返し）輸送する　2.（乗り物で方向を定めずに）運ぶ

5422　例：zařadit「整頓する」

	現在			命令	L 分詞		
	1	2	3		男	女	中
単	zařad-ím	-íš	-í	zařad’	zařadi-l	-la	-lo
複	-íme	-íte	-í	zařad’te	-li, -ly	-ly	-la

受・分	動名詞
zařazen / zařaděn	zařazení / zařadění

	能動過去分詞	
	男	女・中
単	zařadiv	zařadivši
複	zařadivše	

受動分詞と動名詞にバリエーション。

zařadit　整頓する、分類する
zařadit knihu do knihovny 本を本棚にしまう

zařadit se　一員となる

5423　čistit の変化

	現在			命令	L 分詞		
	1	2	3		男	女	中
単	čist-ím	-íš	-í	čist’ / čisti	čisti-l	-la	-lo
複	-íme	-íte	-í	čist’te / čistěte	-li, -ly	-ly	-la

受・分	動名詞
čistěn / čištěn	čistění / čištění

	能動現在分詞	
	男	女・中
単	čistě	čistíc
複	čistíce	

命令法、受動分詞、動名詞にバリエーション。

čistit　清掃する、きれいにする

5424　例：uvolnit「緩める」

	現在			命令	L分詞		
	1	2	3		男	女	中
単	uvoln-ím	-íš	-í	uvolni	uvolni-l	-la	-lo
複	-íme	-íte	-í	uvolněte	-li, -ly	-ly	-la

受・分	動名詞
uvolněn	uvolnění

	能動過去分詞	
	男	女・中
単	uvolniv	uvolnivši
複	uvolnivše	

子音 + nit で終わる語。5404 と比べると、命令法が -i, -ěte となる点が異なる。

ovlivnit　影響を与える　ovlivnit veřejné mínění 世論に影響を与える

umožnit　可能にする　umožnit všem základní vzdělání みんなが基礎教育を受けられるようにする

upozornit　注意をひく、警告する

usktečnit　実現させる

uvolnit　1. 緩める　2. 明け渡す　3. 解雇する

zdůraznit　強調する

zúčastnit se +2　～に参加する

zveřejnit　公にする、公表する

5425　umístitの変化

	現在			命令	L分詞		
	1	2	3		男	女	中
単	umíst-ím	-íš	-í	umísti / umist’	umísti-l	-la	-lo
複	-íme	-íte	-í	umístěte / umist’te	-li, -ly	-ly	-la

受・分	動名詞
umístěn	umístění

	能動過去分詞	
	男	女・中
単	umístiv	umístivši
複	umístivše	

命令法にバリエーション。

umístit　1. 置く、収める　2. 位置を定める

5426　例：zjistit「究明する」

	現在			命令	L分詞		
	1	2	3		男	女	中
単	zjist-ím	-íš	-í	zjisti / zjist’	zjisti-l	-la	-lo
複	-íme	-íte	-í	zjistěte / zjist’te	-li, -ly	-ly	-la

受・分	動名詞
zjištěn	zjištění

	能動過去分詞	
	男	女・中
単	zjistiv	zjistivši
複	zjistivše	

命令法にバリエーションがあり、受動分詞と動名詞でsがšと交替する。

zajistit　1. 保証する　2. 確保する、確実にする　3. しっかりと固定する
zjistit　究明する、つきとめる

5427　jezditの変化

	現在			命令	L分詞		
	1	2	3		男	女	中
単	jezd-ím	-íš	-í	jezdi	jezdi-l	-la	-lo
複	-íme	-íte	-í	jezděte	-li, -ly	-ly	-la

受・分	動名詞
ježděn / jezděn	ježdění / jezdění

	能動現在分詞	
	男	女・中
単	jezdě	jezdíc
複	jezdíce	

受動分詞と動名詞にバリエーション。

jezdit　1. (乗り物で) 通う　2. (乗り物で) 動き回る　3. 運行する

5428　例：končit「終える」(能動過去分詞の例：určit「定める」)

	現在			命令	L分詞		
	1	2	3		男	女	中
単	konč-ím	-íš	-í	konči	konči-l	-la	-lo
複	-íme	-íte	-í	končete	-li, -ly	-ly	-la

受・分	動名詞
končen	končení

	能動現在分詞	
	男	女・中
単	konče	končíc
複	končíce	

	能動過去分詞	
	男	女・中
単	určiv	určivši
複	určivše	

子音＋itで終わる語。5402と比べると、命令法が-i, -eteとなる点が異なる。

<不完了体>
končit　1. 終える　2. 終わる
tančit　踊る

<完了体>

dokončit　終える、完成する

skončit　1. 終える　2. 終わる　3.（何らかの結果に）至る、なる

ukončit　終える

určit　定める、決定する

vyjádřit　1. 述べる、表明する　2. 表現する

vysvětlit　説明する

zlepšit　改良する、改善する、よくする

5429　prodloužit の変化

	現在			命令	L分詞		
	1	2	3		男	女	中
単	prodlouž-ím	-íš	-í	prodlouži / proluž	prodlouži-l	-la	-lo
複	-íme	-íte	-í	prodloužete / prodlužte	-li, -ly	-ly	-la

受・分	動名詞
prodloužen	prodloužení

	能動過去分詞	
	男	女・中
単	prodlouživ	prodlouživši
複	prodlouživše	

命令法に語幹母音 ou と u のバリエーション。

prodloužit　1. 延ばす、長くする　2. 延長する

不定形 -ět / -et

5430　trpět の変化

	現在			命令	L分詞		
	1	2	3		男	女	中
単	trp-ím	-íš	-í	trp	trpě-l	-la	-lo
複	-íme	-íte	-í	trpte	-li, -ly	-ly	-la

受・分	動名詞
trpěn	trpění

	能動現在分詞	
	男	女・中
単	trpě	trpíc
複	trpíce	

音交替なし。現在 3 人称複数形は -í のみ。

trpět　1. 苦しむ　trpět silnými bolestmi ひどい痛みに苦しむ　2. 病気に罹っている

5431　例：letět「飛ぶ」(能動過去分詞の例：uvidět「目に入る」)

	現在			命令	L 分詞		
	1	2	3		男	女	中
単	let-ím	-íš	-í	let'	letě-l	-la	-lo
複	-íme	-íte	-í	let'te	-li, -ly	-ly	-la

受・分	動名詞
letěn	letění

	能動現在分詞	
	男	女・中
単	letě	letíc
複	letíce	

	能動過去分詞	
	男	女・中
単	uviděv	uviděvši
複	uviděvše	

tět, dět で終わる語。音交替はないが、命令法で綴りが t', d' に変わる。現在 3 人称複数形は -í のみ。

<不完了体>

hledět　目を向ける、見る　受・分なし

hledět si +2　1. 気をつける　2. 気にかける、心に留める

letět　1. 飛ぶ　2. 飛行機で行く（未来形は、現在人称変化に接頭辞 po- をつける）

stydět se za+4　1. 恥ずかしい、恥じる　2. 臆する

<完了体>

přiletět　飛来する　受・分なし

uvidět　1. 見える、目に入る　2. 会う　命令法なし

5432　sedět の変化

	現在			命令	L分詞		
	1	2	3		男	女	中
単	sed-ím	-íš	-í	seď	sedě-l	-la	-lo
複	-íme	-íte	-í	seďte	-li, -ly	-ly	-la

受・分	動名詞
seděn / sezen	sedění / sezení

	能動現在分詞	
	男	女・中
単	sedě	sedíc
複	sedíce	

音交替はないが、命令法で綴り字が ď に変わる。現在３人称複数形は -í のみ。受動分詞と動名詞にバリエーション。

sedět　座っている

5433　vidět の変化

	現在			命令	L分詞		
	1	2	3		男	女	中
単	vid-ím	-íš	-í	viz	vidě-l	-la	-lo
複	-íme	-íte	-í	vizte	-li, -ly	-ly	-la

受・分	動名詞
viděn	vidění

	能動現在分詞	
	男	女・中
単	vida	vidouc
複	vidouce	

現在３人称複数形は -í のみ。特殊な命令法。

vidět　1. 見える、見る　2.（繰り返し）会う

5434　例：držet「握る」(能動過去分詞の例：udržet「保つ」)

	現在			命令	L分詞		
	1	2	3		男	女	中
単	drž-ím	-íš	-í	drž	drže-l	-la	-lo
複	-íme	-íte	-í	držte	-li, -ly	-ly	-la

受・分	動名詞
držen	držení

	能動現在分詞	
	男	女・中
単	drže	držíc
複	držíce	

	能動過去分詞	
	男	女・中
単	udržev	udrževši
複	udrževše	

et で終わる語。音交替なし。現在3人称複数形は -í のみ。

＜不完了体＞

běžet　1. 走る　2. (機械が)動く、作動する(未来形は、現在人称変化に接頭辞 po- をつける)

držet　1. 握る　držet otce za ruku 父親の手を握っている　2. 維持する、保つ

držet se　つかまっている

křičet　叫ぶ、どなる　受・分なし

ležet　1. 横たわっている　2. ある　受・分なし

mlčet　1. 黙っている、沈黙する　2. 秘密を明かさない

mrzet　残念に思わせる　受・分なし

pršet　雨が降る　受・分なし

slyšet　聞こえる、聞く

＜完了体＞

obdržet　(文語) 受け取る、受ける、手に入れる

udržet　1. 保つ、維持する　2. 握りしめる、抑える

vydržet　耐える、我慢する、持続する

5435　例：rozumět「理解する」

	現在			命令	L分詞		
	1	2	3		男	女	中
単	rozum-ím	-íš	-í	rozuměj	rozumě-l	-la	-lo
複	-íme	-íte	-í / -ějí	rozumějte	-li, -ly	-ly	-la

受・分	動名詞
rozuměn	rozumění

	能動現在分詞	
	男	女・中
単	rozuměje	rozumějíc
複	rozumějíce	

音交替なし。現在3人称複数形は -í と -ějí。

chybět　欠ける、ない、足りない　受・分なし

nenávidět　憎む、大嫌いだ

odjíždět　(乗り物で・乗り物が)出発する、旅立つ　受・分なし

pouštět　1. 放す　2. 落とす　3. 行かせる　4. 作動させる

provádět　1. 道案内する　2. 実行する

přijíždět　(乗り物で・乗り物が)来る、到着する　受・分なし

rozumět +3　理解する、分かる　rozumět vážné hudbě クラシック音楽を理解する

smět　～してよい　受・分、動名詞なし

umět　～できる(能力がある)　受・分なし

uvádět　1. 言及する　2. 上映・上演する

vyprávět　物語る、話す

vyrábět　生産する、製造する

※上の動詞のうち、nenávidět のみ命令法が nenáviď, nenáviďte。

5436　stavět の変化

	現在			命令	L 分詞		
	1	2	3		男	女	中
単	stav-ím	-íš	-í	stav / stavěj	stavě-l	-la	-lo
複	-íme	-íte	-í / -ějí	stavte / stavějte	-li, -ly	-ly	-la

受・分	動名詞
staven	stavění

	能動現在分詞	
	男	女・中
単	stavě / stavěje	stavíc / stavějíc
複	stavíce / stavějíce	

音交替なし。現在 3 人称複数形は -í と -ějí。命令法と能動現在分詞にバリエーション。

stavět　立てる、建てる、止まる

5437　例：vracet「返す」

	現在			命令	L 分詞		
	1	2	3		男	女	中
単	vrac-ím	-íš	-í	vracej	vrace-l	-la	-lo
複	-íme	-íte	-í / -ejí	vracejte	-li, -ly	-ly	-la

受・分	動名詞
vracen	vracení

	能動現在分詞	
	男	女・中
単	vraceje	vracejíc
複	vracjíce	

et で終わる語。音交替なし。現在 3 人称複数形は -í と -ejí。

docházet　1. 定期的に訪れる　2. 乏しくなる　Dochází nám sůl. 塩がなくなってきた。

nabízet　提供する、申し出る

nacházet　見つける、探し出す

obracet se　1. ひっくり返る　2. 背を向ける　3. 振り返る

odcházet　1. 立ち去る　2. 出かける、出発する　受・分なし

podílet se　参加する　podílet se na vládě 内閣に加わる

pocházet　1. 出身だ、～の生まれだ　2. 歩きまわる　受・分なし

pokoušet se o+4　1. ～を試みる　2. 努力する、努める

procházet　1. (歩いて) 通り抜ける　2. 通り過ぎる　3. 目を通す

procházet se　散歩する

přecházet　1. 渡る　2. 行き過ぎる　3. 移行する

přemýšlet o+6　思案する、熟考する

přicházet　1. (歩いて) 来る、到着する　2. (郵便物などが) 届く　受・分なし

přinášet　(歩いて) もって来る

scházet se s+7　1. ～と会う　2. 集まる

střílet　射撃する、撃つ

vracet　返す、(元の場所へ) 戻す

vracet se　帰る、戻る

vycházet　1. 出る　2. 出版する　受・分なし

vytvářet　作り出す、創造する

zkoušet　1. 試す　2. 試着する　3. 試験を課す

ztrácet　失う、なくす

ztrácet se　1. なくなる　2. 迷子になる　3. 消える

5438　例：souviset「関連する」

	現在			命令	L分詞		
	1	2	3		男	女	中
単	souvis-ím	-íš	-í	souvisej	souvise-l	-la	-lo
複	-íme	-íte	-í / -ejí	souvisejte	-li, -ly	-ly	-la

受・分	動名詞
---	souvisení

	能動現在分詞	
	男	女・中
単	souvise / souviseje	souvisíc / souvisejíc
複	souvisíce / souvisejíce	

現在 3 人称複数形は -í と -ejí。能動現在分詞にバリエーション。

souviset　関係ある、関連する　souviset s věkem 年齢に関係する　受・分なし

záviset na+6　～による、依存する　záviset na okolnostech 状況による　受・分なし

5439　例：zmizet「消える」（能動現在分詞の例：večeřet「夕食をとる」）

	現在			命令	L分詞		
	1	2	3		男	女	中
単	zmiz-ím	-íš	-í	zmiz	zmize-l	-la	-lo
複	-íme	-íte	-í / -ejí	zmizte	-li, -ly	-ly	-la

受・分	動名詞
zmizen	zmizení

	能動現在分詞	
	男	女・中
単	večeře	večeříc
複	večeříce	

	能動過去分詞	
	男	女・中
単	zmizev	zmizevši
複	zmizevše	

現在3人称複数形は -í と -ejí。命令法2人称単数形が子音で終わる。

<不完了体>

muset　1. ～しなくてはならない、～する必要がある　2. ～のはずだ、～に違いない　受・分、動名詞、命令法なし

večeřet　夕食をとる　受・分なし

<完了体>

zmizet　消える、見えなくなる

5440　bolet の変化

	現在			命令	L分詞		
	1	2	3		男	女	中
単	bol-ím	-íš	-í	bol	bole-l	-la	-lo
複	-íme	-íte	-í / -ejí	bolte	-li, -ly	-ly	-la

受・分	動名詞		能動現在分詞	
			男	女・中
---	bolení	単	boleje / bole	bolejíc / bolíc
		複	bolejíce / bolíce	

現在3人称複数形は -í と -ejí。命令法2人称単数形が子音で終わる。能動現在分詞にバリエーション。

bolet　痛む、痛い　Bolí mě žaludek. 胃が痛い。（通常は3人称のみ）

5441　záležet の変化

	現在			命令	L分詞		
	1	2	3		男	女	中
単	zálež-ím	-íš	-í	záležej / zálež	záleže-l	-la	-lo
複	-íme	-íte	-í / -ejí	záležejte / záležte	-li, -ly	-ly	-la

受・分	動名詞		能動現在分詞	
			男	女・中
---	záležení	単	záležeje / záleže	záležejíc / záležíc
		複	záležejíce / záležíce	

現在3人称複数形は -í と -ejí。命令法と能動現在分詞にバリエーション。

záležet na+6　1. ～しだいだ　2. 大切にする、重要視する

5442　znít の変化

	現在			命令	L分詞		
	1	2	3		男	女	中
単	zn-ím	-íš	-í	zni	zně-l	-la	-lo
複	-íme	-íte	-í / -ějí	zněte	-li, -ly	-ly	-la

受・分	動名詞
---	znění

	能動現在分詞	
	男	女・中
単	zněje / zně	znějíc / zníc
複	znějíce / zníce	

現在 3 人称複数形は -í と -ějí。能動現在分詞にバリエーション。

znít　響く、鳴る

5443　bydlet / bydlit の変化

	現在			命令	L 分詞		
	1	2	3		男	女	中
単	bydl-ím	-íš	-í	bydli	bydle-l / bydli-l	-la	-lo
複	-íme	-íte	-í / -ejí	bydlete	-li, -ly	-ly	-la

受・分	動名詞
bydlen	bydlení

	能動現在分詞	
	男	女・中
単	bydle / bydleje	bydlíc / bydlejíc
複	bydlíce / bydlejíce	

現在 3 人称複数形は -í と -ejí。不定形、L 分詞、能動現在分詞にバリエーション。

bydlet / bydlit　1. 住む　2. 滞在する

5444　myslet / myslit の変化

	現在			命令	L 分詞		
	1	2	3		男	女	中
単	mysl-ím	-íš	-í	mysli	mysle-l	-la	-lo
複	-íme	-íte	-í / -ejí	myslete	-li, -ly	-ly	-la

受・分	動名詞
myšlen	myšlení

	能動現在分詞	
	男	女・中
単	mysle / mysleje	myslíc / myslejíc
複	myslíce / myslejíce	

現在3人称複数形は -í と -ejí。受動分詞と命令法で sl が šl に交替する。能動現在分詞にバリエーション。

myslet / myslit　思う、考える

不定形 -át

5445　stát と bát se の変化

	現在			命令	L分詞		
	1	2	3		男	女	中
単	stoj-ím boj-ím se	-íš	-í	stůj boj se	stá-l bá-l se	-la	-lo
複	-íme	-íte	-í	stůjte bojte se	-li, -ly	-ly	-la

受・分	動名詞
---	stání bání (se)

	能動現在分詞	
	男	女・中
単	stoje boje se	stojíc bojíc se
複	stojíce bojíce se	

現在3人称複数形は -í のみ。L分詞は母音交替を起こさない。

bát se　1. +2 〜を恐れる、こわがる　bát se ducha 幽霊をこわがる　2. o+4 〜を心配する　bát se o dítě 子どもの心配をする

stát　1. 立っている、ある　2. 止まっている　3. 〜だ（値段）　4. 〜の価値がある

5446　spát の変化

	現在			命令	L分詞		
	1	2	3		男	女	中
単	sp-ím	-íš	-í	spi	spa-l	-la	-lo
複	-íme	-íte	-í	spěte	-li, -ly	-ly	-la

受・分	動名詞
---	spaní

	能動現在分詞	
	男	女・中
単	spě	spíc
複	spíce	

現在3人称複数形は -í のみ。L分詞で長母音 á は短母音の a と交替する。

spát　眠る

55XX　V型

V型変化タイプ一覧

番号	例	ページ
5501	dělat	209
5502	nechat	214

番号	例	ページ
5503	mít	214

5501　例：dělat「する」(能動過去分詞の例：podat「手渡す」)

	現在			命令	L分詞		
	1	2	3		男	女	中
単	děl-ám	-áš	-á	dělej	děla-l	-la	-lo
複	-áme	-áte	-ají	dělejte	-li, -ly	-ly	-la

受・分	動名詞
dělán	dělání

	能動現在分詞	
	男	女・中
単	dělaje	dělajíc
複	dělajíce	

	能動過去分詞	
	男	女・中
単	podav	podavši
複	podavše	

基本の変化型。

＜不完了体＞

běhat （繰り返し・方向を定めずに）走る

bývat よくある 受・分なし

čekat 1. 待つ čekat na vlak 列車を待つ 2. 期待する

dávat 1. 与える 2. 置く、入れる 3. 上映・上演する

dávat si 1. 食べ物や飲み物を注文する 2. 食べる・飲む

dělat 1. する 2. 作る 3. 働く

dívat se 見る dívat se na televizi テレビを見る

dodávat 1. 配達する 2. つけ加える

domnívat se 1. 想定する 2. 思う

dostávat 受け取る、手に入れる

dostávat se 1. 着く 2. 残っている（否定形で用いることが多い）

dotýkat se +2 1. ～にさわる、触れる 2. ～を傷つける

doufat 望む、（～であると）いいと思う、希望する

dýchat 息をする、呼吸する

hádat se 言い争う

hledat 探す

hlídat 見張る、警備する、見守る

hodlat 企画する、もくろむ、～するつもりだ 受・分なし

chovat se 1. ふるまう 2. 待遇する

chutnat 1. おいしい Moc mi to chutnalo. とてもおいしかった。 2. ～の味がする chutnat po pivu ビールの味がする 3. 味わう 受・分なし

chystat 用意する、準備する

chytat 1. つかまえる、捕らえる 2. 集める

jednat 1. おこなう、行動する 2. 交渉する 3. 待遇する

klesat 下がる、降下する

konat おこなう

koukat 見る（口語） 受・分なし

létat （繰り返し）飛ぶ、飛びまわる

napadat　1. 考えが浮かぶ、思いつく　Nic nenapadá. 何も思いつかない。 2. 足を引きずる　napadat na levou nohu 左足を引きずる　3. 攻め立てる

nazývat　名づける

nazývat se　～と呼ばれる、～という名前だ

obávat se　1. o+4 ～を心配する　2. +2 恐れる　obávat se nejhoršího 最悪の事態を恐れる

obědvat　昼食を取る　受・分なし

očekávat　1. 期待する　2. 待ち望む、待つ

odmítat　拒否する、断る

odpočívat　休む、休息する　受・分なし

odpovídat　1. na+4 ～に答える　odpovídat na dotazy 質問に答える　2. +3 返事する　3. 責任がある　4. 相当する

omlouvat se　あやまる、謝罪する

otevírat　開ける

ovládat　1. 統制する　2. 操作する　3. マスターしている

padat　落ちる、降る　受・分なし

počítat　1. 数える、計算する　2. s+7 ～を念頭に置く、考慮に入れる　počítat se změnami počasí 天気の変化を考慮に入れる

podávat　手渡す、渡す

podobat se +3　～に似ている

pokládat　1.（横にして）置く　2. 見なす

pokládat se　横になる

pomáhat +3　～を手伝う、助ける

pořádat　1. 整える　2. 組織する、運営する　受・分なし

posílat　送る

poslouchat　聞く、従う

postrádat　欠く、いなくてさびしい　Strašně ho postrádám. 彼がいなくてとてもさびしい。

používat　使う、利用する

povídat　話す、語る　受・分なし

probíhat　1. 経過する　2. 走り抜ける、走りすぎる　受・分なし

prodávat　売る

předpokládat　予期する、推測する、想定する　受・分なし

přijímat　1. 受け入れる　2. 採用する、雇う

připadat　1. 該当する、～にあたる　Nový rok připadá letos na středu. 元旦は、今年は水曜日にあたる。 2. ～と思われる　受・分なし

připomínat　1. 思い出させる、思い起こさせる　2. 述べる

ptát se +2　～に尋ねる、質問する

říkat　いう

skrývat　隠す、覆う
snídat　朝食を取る
spěchat　急ぐ　受・分なし
spočívat　1. na+6 よりかかる、基づく　2. v+6 (原因が)～にある　受・分なし
starat se o+4　～の世話をする、～を気にかける
stávat se　～となる、起こる
stoupat　上がる、昇る、上昇する　受・分なし
střídat se　交替する
trvat　1. (時間が) かかる　2. 続く、あり続ける　受・分なし
usmívat se na+4　～に微笑む
uznávat　認める
užívat　1. 利用する、使用する　2. 服用する
vítat　歓迎する、迎える
vnímat　気づく
volat　呼ぶ、叫ぶ
vstávat　1. 立ち上がる　2. 起きる　受・分なし
vybírat　1. 選ぶ　2. (預金を) 引き出す　3. 集める
vydávat　1. 出版する　2. 公式に発表する　3. 支出する　4. 引き渡す
vypadat　～のようだ　vypadat dobře 元気そうだ　受・分なし
vyplývat　結果として起こる　受・分なし
využívat +2　使う、利用する、活用する　využívat svých přátel 自分の友人たちを利用する
vyvolávat　引き起こす、呼びだす
vznikat　発生する、起こる　受・分なし
vzpomínat si na+4　思い出す　vzpomínat si na mládí 若き日を思い出す
zabývat se +7　従事する、とりくむ　zabývat se sportem スポーツをする
začínat　1. 始める　2. 始まる
zajímat　関心をひく
zajímat se o+4　～に関心がある、関心事だ　zajímat se o všechno あらゆることに関心がある
zapomínat　忘れる
zavírat　1. 閉じる、閉める　2. 閉じ込める
zbývat　残る　受・分なし
zdát se 1. ～のようだ、気がする　2. 夢を見る　Zdál se mi hrozný sen. 怖い夢を見た。
získávat　手に入れる、獲得する
znamenat　意味する、意味がある
znát　知っている

zpívat　歌う
zůstávat　1.残る、い続ける　2.〜し続ける　受・分なし
žádat　要求する、申請する
žádat o dovolenou 休暇を申請する
<完了体>
dát　1.与える　2.置く、入れる　3.〜させる　動名詞なし
dát se　とりかかる、始める
dát si　1.食べ物や飲み物を注文する　2.食べる・飲む
dočkat se +2　〜まで待つ、待ち通す
dodat　1.配達する　2.つけ加える
napadat　降り積もる
objednat　注文する
odevzdat　1.提出する　2.引き渡す
odvolat　1.解任する　2.取り消す　3.撤回する
odvolat se　上告する、控訴する
počkat　1.待つ　2.延期する
počkat s odjezdem na příští den 出発を翌日に延期する　受・分なし
podat　手渡す、渡す
podívat se　見る、目にする
postarat se o+4　〜の世話をする、面倒をみる
potrestat　罰する
poznamenat　1.書きとめる　2.コメントを加える
poznat　知る、知りあう
požádat　求める、要求する
požádat kamaráda o pomoc 友達に助けを求める
prodat　売る
předat　渡す
překonat　打ち勝つ、勝る、克服する
přidat　1.足す、加える、増やす　2.給料を上げる
přiznat　告白する、白状する
setkat se s+7　1.〜と会う、知りあう　2.〜に直面する
srovnat　1.比べる、比較する　2.整える
udělat　する、作る
uspořádat　1.整理する　2.開催する
uznat　認める、承認する
vydat　1.出版する　2.公式に発表する　3.支出する　4.引き渡す
vydělat　1.稼ぐ　2.利益を得る
vyrovnat　1.等しくする、均等にする　2.支払う　3.揃える
vyvolat　引き起こす、呼びだす
vzdát　あきらめる、投げ出す

vzdát se　1. +3 〜に降参する　vzdát se nepříteli 敵に降参する　2. +2 〜を断念する　vzdát se naděje 希望を捨てる

zachovat　保存する、維持する

zavolat　1. 呼ぶ、呼びかける　2. 電話する

zaznamenat　1. 書きとめる、記録する　2. 気づく

zeptat se +2　〜に質問する、尋ねる

získat　手に入れる、獲得する

< 両体 >

dát se　できる

volat　電話する

5502　nechat の変化

	現在			命令	L分詞		
	1	2	3		男	女	中
単	nech-ám	-áš	-á	nech / nechej	necha-l	-la	-lo
複	-áme	-áte	-ají	nechte / nechejte	-li, -ly	-ly	-la

受・分	動名詞
nechán	nechání

	能動過去分詞	
	男	女・中
単	nechav	nechavši
複	nechavše	

命令法にバリエーションがある。

nechat　1. 〜のままにしておく、放っておく　2. 〜させる

5503　mít の変化

	現在			命令	L分詞		
	1	2	3		男	女	中
単	m-ám	-áš	-á	měj	mě-l	-la	-lo
複	-áme	-áte	-ají	mějte	-li, -ly	-ly	-la

受・分	動名詞
---	---

	能動現在分詞	
	男	女・中
単	maje	majíc
複	majíce	

命令法、L 分詞で ě が現れる。

mít　1. もつ　2. ～のはずだ、～することになっている

56XX　混合型

5601　týkat se の変化

	現在			命令	L 分詞		
	1	2	3		男	女	中
単	týč-i se / -u se	-eš se	-e se	týkej se	týka-l se	-la se	-lo se
	týk-ám se	-áš se	-á se				
複	-eme se	-ete se	-í se / -ou se	týkejte se	-li se, -ly se	-ly se	-la se
	-áme se	-áte se	-ají se				

動名詞
týkání (se)

	能動現在分詞	
	男	女・中
単	týče se / týkaje se	týčíc se / týkajíc se
複	týčíce se / týkajíce se	

I 型と V 型の混合タイプ。現在活用および能動現在分詞にバリエーション。

týkat se +2　～に関する、関連する、関係する

57XX　不規則変化

5701　být の変化

	現在			命令	L分詞		
	1	2	3		男	女	中
単	jsem	jsi	je	bud’	by-l	-la	-lo
	budu	budeš	bude				
複	jsme	jste	jsou	bud’te	-li, -ly	-ly	-la
	budeme	budete	budou				

受・分	動名詞
---	bytí

	能動現在分詞、能動過去分詞	
	男	女・中
単	jsa / byv	jsouc / byvši
複	jsouce / byvše	

být　1. ある、いる　2. 〜である

※現在形の下段 (budu, budeš ...) は未来形。

5702　jíst の変化

	現在			命令	L分詞		
	1	2	3		男	女	中
単	jím	jíš	jí	jez	jed-l	-la	-lo
複	jíme	jíte	jedí	jezte	-li, -ly	-ly	-la

受・分	動名詞
jeden	jedení

	能動現在分詞	
	男	女・中
単	jeda	jedouc
複	jedouce	

jíst　食べる

5703　例：vědět「知っている」

（受動分詞・能動過去分詞の例：odpovědět「答える」）

	現在			命令	L分詞		
	1	2	3		男	女	中
単	vím	víš	ví	věz	vědě-l	-la	-lo
複	víme	víte	vědí	vězte	-li, -ly	-ly	-la

受・分	動名詞
odpověděn	vědění

	能動現在分詞	
	男	女・中
単	věda	vědouc
複	vědouce	

	能動過去分詞	
	男	女・中
単	odpověděv	odpověděvši
複	odpověděvše	

<不完了体>

vědět　知っている　受・分なし

<完了体>

dovědět se / dozvědět se　知る

odpovědět　1. na+4 答える　odpovědět na otázku 質問に答える　2. +3 〜に返事する　odpovědět mu 彼に返事をする

5704　chtít の変化

	現在			命令	L分詞		
	1	2	3		男	女	中
単	chci	chceš	chce	chtěj	chtě-l	-la	-lo
複	chceme	chcete	chtějí / chtí	chtějte	-li, -ly	-ly	-la

受・分	動名詞
chtěn	chtění

	能動現在分詞	
	男	女・中
単	chtěje / chtě	chtějíc / chtíc
複	chtějíce / chtíce	

3人称複数現在形の chtí は文語的。

chtít　ほしい、〜したい

6. 副　詞

比：は比較級を表わす。比較級の形式が複数あるときは、, の後の方が口語的。

61XX　形容詞から派生した副詞

6101　硬変化型より -ě

částečně　部分的に、少しは　Je to částečně i moje vina. 少しは私のせいでもある。

dostatečně　充分に　dostatečně známý fakt 充分に知られている事実

hodně　比：více, víc　1. かなり　hodně často　かなり頻繁に　2. たくさん　hodně peněz 大金

jasně　比：jasněji　1. 明るく　jasně modrá 明るい青　2. はっきりと　mluvit jasně はっきりと話す

jedině　唯一、だけ　Měl rád jedině ji. 彼は彼女だけが好きだった。

jednoznačně　比：jednoznačněji　明らかに　Byl z nich jednoznačně nejhezčí. 彼は明らかに一番美しかった。

jistě　比：jistěji　確かに、確実に　Pomalu, ale jistě se blíží Vánoce. ゆっくりと、でも確実にクリスマスが近づいてくる。

klidně　比：klidněji　静かに、平気で、落ち着いて　Syn klidně spí. 息子はすやすやと眠っている。

konečně　とうとう、ついに　Konečně je léto! ついに夏だ！

krásně　比：krásněji　美しく、すばらしく　Moje sestra zpívá krásně. 私の姉は歌がうまい。

mírně　比：mírněji　穏やかに、少々　jednat mírně 穏やかにふるまう

nově　比：nověji　新しく、新たに　nově otevřený obchod 新しくオープンした店

obecně　共通に、一般に　obecně řečeno 一般にいって

okamžitě　ただちに、すぐに

Honza okamžitě odpověděl. ホンザはただちに答えた。

pěkně　比：pěkněji　美しく、よく、とても　Venku je pěkně. 外はいい天気だ。 Pěkně vás vítám v Praze. プラハへようこそ。

pevně　比：pevněji　1. 強固に　Byl pevně rozhodnutý odejít. 彼は出て行こうと固く決心していた。 2. しっかりと　Drž se pevně. しっかりつかまっていなさい。

plně　比：plněji　いっぱいに、満たされて　Plně s vámi souhlasím. あなたにまったく賛成です。

podobně　比：podobněji　同様に　Vypadají podobně. 彼らは似ている。

podrobně　比：podrobněji　詳細に、詳しく　podrobně vysvětlovat 詳細に説明する

podstatně　比：podstatněji　本質的に、根本的に　podstatě se lišit 根本的に違う

pochopitelně　比：pochopitelněji　わかりやすく、あからさまに　Zcela pochopitelně to odmítl. 彼はかなりあからさまに拒否した。

poměrně　比較的　Je to poměrně drahé. それは比較的高い。

pořádně　比：pořádněji　1. きちんと　Pořádně se oblékni. きちんと着なさい。 2. とても、たいへん　být pořádně starý とても年をとっている

postupně　徐々に、次第に　Ceny postupně stoupají. 物価は徐々に上昇している。

pravděpodobně　本当らしく　vypadat pravděpodobně 本当らしく見える

pravidelně　比：pravidelněji　規則正しく、定期的に　Pacient dýchá pravidelně. 患者は規則正しく息をしている。

prostě　比：prostěji　簡単に、質素に　vyjadřovat se prostě 簡潔に述べる

přesně　比：přesněji　正確に、ちゃんと　Hodiny jdou přesně. 時計は正確に動いている。

převážně　主として、たいてい　Zítra bude převážně pršet. 明日はだいたい雨が降るでしょう。

přibližně　比：přibližněji　およそ、だいたい　O dnešním představení řekl jen přibližně. 今日の上演について彼はおおよそのところのみ述べた。

rozhodně　比：rozhodněji　きっぱりと、決然と、どうしても、

断固として Jedná rychle a rozhodně. その人は素早く決然と行動する。 Jsem rozhodně proti. 私は断固反対だ。

samozřejmě 当然のこととして、あたりまえに Pomáhali mi se vším naprosto samozřejmě. 私は何から何までまったく当然のこととして助けてもらっていた。

silně 比：silněji 強く、強力に Silně prší. 雨が強く降っている。

skutečně 実際に、現実に、本当に Co se skutečně stalo? 実際には何が起こったのだ。

současně 同時に Současně mluvil i poslouchal. 彼は話しながら同時に聞いていた。

společně 一緒に、共に Vyšli společně. 彼らは一緒に出て行った。 Knihu napsal společně se svým bratrem. 彼は本を兄と共に書き上げた。

správně 比：správněji 正しく odpovědět správně 正しく答える

stejně 同じに、同様に Otec je stejně starý jako matka. 父は母と同い年だ。

strašně 比：strašněji 恐ろしく、ひどく Strašně to bolí. ここがひどく痛い。

špatně 比：hůře, hůř 1. 悪く Dědeček špatně slyší. おじいさんは耳が悪い。 2. 間違って、下手に To jsi asi špatně pochopil. それは、たぶん誤解だよ。

těsně 比：těsněji 密接して Stáli těsně vedle sebe. 彼らはぴったりとくっついて並んで立っていた。

úplně 完全に、すっかり Jsem úplně spokojen. 私はすっかり満足している。

určitě 比：určitěji 正確に、はっきりと Vyjádřete se určitěji. もっとはっきりいいなさい。

úspěšně 比：úspěšněji 首尾よく、成功して Jednání skončilo úspěšně. 折衝は首尾よく終了した。

vážně 比：vážněji まじめに、深刻に、真剣に Strýc byl vážně nemocen. おじは重病だった。

výrazně 比：výrazněji はっきりと、くっきりと Růže na zahradě výrazně voní. 庭のバラははっきりと香っている。

značně 格段に、著しく、ずいぶん značně se zlepšit ずいぶんよくなる

zřejmě 明らかに、はっきりと Dal to najevo zcela zřejmě. 彼はそれを大変はっきりと知らせた。

6102 硬変化型より -e

dlouze 比：déle 長く、長時間 Dědeček dlouze vyprávěl o svém životě. おじいさんは自分の人生を長い時間をかけて語っていた。

dobře 比：lépe, líp よく、上手に Lenka dobře mluví anglicky. レンカは英語を話すのがうまい。

krátce 比：kratčeji 短く、手短に Trvalo to jen krátce. それはほんの短い間しか続かなかった。

lehce 比：lehčeji 軽く、簡単に、楽に Lehce se dotkl dceřiny tváře. 彼は娘の頬に軽く触れた。

náhle 比：náhleji 突然 Autobus náhle zastavil. バスは突然止まった。

neustále 絶えず、絶え間なく Měl jsem neustále hlad. 私は絶えずおなかをすかせていた。

obvykle 比：obvykleji 普段、通常 jako obvykle 普段通りに

rychle 比：rychleji 速く Přijď rychle! さっさとおいで！

stále 比：stáleji ずっと、あいかわらず Stále pršelo. 雨がずっと降っていた。

těžce 比：tíže, tíž 重く、難しく Teta byla těžce nemocná. おばは重病だった。

vysoce 比：výše, výš 高く、高度に Je to vysoce nebezpečné. それは大変（高度に）危険だ。

6103 硬変化型より -o

blízko 比：blíže, blíž 近くに Vánoce jsou blízko. クリスマスはもうすぐだ。

často 比：častěji 頻繁に、よく To se nestává moc často. これはそう頻繁には起こらない。

daleko 比：dále, dál 1. 遠くに Bydleli jsme daleko od města. 私たちは町から遠く離れたところに住んでいた。 2. はるかに daleko lepší はるかによい

dávno 比：dávněji ずっと前に、長い間 Už dávno odešel. 彼はずっと前に出た。

dlouho 比：déle 長く Dlouho jsem tě neviděl. 久しぶりだね（長い間君に会わなかった）。

jasno 比：jasněji 明るく、はっきりと Udělejme si v tom jasno. その点をはっきりさせましょう。

málo　比：méně, miň　少し、少ない　O rodině mluví jen málo. その人は家族についてほんの少ししか話さない。

možno　できる、可能だ　Je možno to provést. それをやってのけることは可能だ。

naprosto　まったく、完全に　Naprosto s tím souhlasím. それには全面的に賛成だ。

nedaleko　近くに　Nedaleko je pošta. 近くには郵便局がある。

nedávno　最近、近ごろ　Nedávno zemřel. 彼は最近死んだ。

přímo　比：příměji　1. 直接、まっすぐ　Jděte pořád přímo. ずっとまっすぐ行ってください。　2. 率直に　Zeptal se přímo. 彼は率直に尋ねた。

snadno　比：snadněji, snáze, snáz　簡単に、容易に　Tak snadno to nejde. そんなに簡単にはいかない。

teplo　比：tepleji　暑い、熱い、暖かい、温かい　Venku je celkem teplo. 外はかなり暑い。

těžko　比：tíže, tíž　1. 重く　Je mi těžko od žaludku. 胃が重い。　2. 難しく　Těžko říci. いいにくい（いうのが難しい）。

ticho　比：tišeji　静かだ　V sále bylo ticho. 広間は静かだった。

volno　空いている　V autobuse je volno. バスは空いていた。

vysoko　比：výše, výš　高く　Letadlo letí vysoko nad městem. 飛行機が町の上空を高く飛行している。

6104　硬変化型より -y

anglicky　英語で　Jak se to řekne anglicky? それは英語でなんといいますか。

česky　チェコ語で　Ten student z Japonska ještě nerozumí dobře česky. 日本から来たその学生はまだチェコ語がよくわかっていない。

japonsky　日本語で　Učíte se japonsky? 日本語を勉強しているのですか。

prakticky　実際に、実質的に　Prakticky nic nedělá. ほとんど何もしていないのと同然だ。

6105　硬変化型より　その他

možná　ありうる　Dost možná, že to vědí. 彼らがそれを知っているということは充分ありうる。

nějak　1. なんとか、どうにか　Nějak už to uděláme. なんとかそれをしてしまおうじゃないか。 2. なんだか、なんとなく　To se mi nějak nelíbí. それはなんだか気に入らない。

nijak　全然〜ない　Nedokážu si to nijak vysvětlit. それはまったく説明がつかない。

pomalu　比：pomaleji　1. ゆっくり　Pomalu, ale jistě. ゆっくり、でも確実に。 2. ほとんど（口語）　Pomalu tam budeme. そろそろそちらに着きます。

6106　軟変化型より

denně　1. 日々、毎日　Otevřeno denně od 8 do 12 hodin. 毎日8時から12時まで開いている。 2. 1日に　Kolik hodin denně pracujete? 1日に何時間働きますか。

hlavně　主に、重要だ　Hlavně žes přišel. 君が来たことが大事なんだ。

osobně　個人的に、自分で、じかに　osobně se zúčastnit 個人的に参加する　Udělám to já osobně. それは私が自分でやる。

původně　もともと　Původně jsem to chtěl napsat docela jinak. もともと私はそれを全然違った風に書きたかった。

ročně　1年の間に、年ごとに　jednou ročně 1年に1度

zásadně　原則として、基本的に　Pavel zásadně nekouří. パベルは原則としてタバコを吸わない。

62XX　その他（形容詞から派生したのではない副詞）

6201　-a

docela　1. わりあい　Ten film se mi docela líbil. その映画はわりあい気に入った。2. まったく、すっかり　docela všední příběh まったくありきたりの出来事

doleva　左へ・に　obrátit se doleva 左に向く

doma　家で・に　Je maminka doma? お母さんは家にいる？

doprava　右へ・に　jít doprava 右へ行く

doslova　文字通り、一語一語、逐語的に　Opakuji to doslova. それをそっくりそのまま繰り返します。

hrůza　1. 怖い　hrůza se podívat 見るのが怖い　2. až hrůza すごく、ひどく

potřeba　必要だ（文語）　Je ho tu potřeba. ここには彼が必要だ。

shora　上から　při pohledu shora 上から眺めると

škoda　残念だ　Je to škoda. それは残念だ。

tma　暗い　Venku je tma. 外は暗い。

třeba　1. ～すべきだ　Je třeba tu uklidit. ここを掃除しなければ。2. たとえば　Napište to třeba sem. それをここにでも書いてください。

včera　きのう　Včera byla sobota. きのうは土曜日だった。

zcela　まったく、すっかり　Dědeček je zcela zdráv. おじいさんはまったく健康だ。

zdaleka　1. 遠くから　Honza ho poznal zdaleka. ホンザは彼を遠くから認めた。2. 全然～ない　Není zdaleka tak chytrý, jak si myslíš. 彼は君が考えているほど賢くなんかまったくない。

zdarma　ただで、無料で　vstup zdarma 入場無料

zhruba　ざっと、だいたい　Bylo nás tam zhruba padesát. そこにいた私たちはだいたい50人だった。

zima　寒い　Není ti zima? 君、寒くない？

zítra　明日　Zavolej zítra. 明日電話して。

zkrátka　手元に、手短に、さっと　abych to vzal zkrátka... さっとまとめると

zrovna　まさにそのとき、ちょうど　Zrovna jsem ti chtěl volat. ちょうど君に電話したいと思っていたところだった。

6202　-ě, -é

ještě　1. まだ　Pavel je ještě mladý. パベルはまだ若い。 2. もっと　Chceš ještě něco? もっと何か欲しい？

kromě　1. ～以外に　Jsem doma vždy kromě v úterý. 私は火曜日以外はいつも家にいる。 2. それに加えて　Kromě tobě jsem napsal ještě mamince. 君に加えて母にも手紙を書いたよ。

poprvé　はじめて　Jsme poprvé v Praze. 私たちはプラハは初めてです。

poté　その後　několik let poté その後数年して

pozdě　比：později　遅く、遅れて　Hodiny jdou pozdě. 時計が遅れている。

právě　ちょうど～する・したところだ　Právě o vás mluvíme. ちょうど君たちのことを話しているところなんだ。

údajně　評判では、話では　Obraz je údajně falešný. 絵は偽物という話だ。

včetně　含む、込みの　děti od 5 do 16 let včetně 5 歳以上 16 歳以下の子ども

6203　-e

dole　比：doleji　下で・に　Telefon je dole v přízemí. 電話は下、1 階です。

dopoledne　午前中　v jedenáct dopoledne 午前 11 時に

jinde　ほかの場所で　jinde ve světě 他の国では（世界のほかの場所では）

kde　どこで・に　Kde bydlíš? どこに住んでいるの？

lze　可能だ、できる（文語）　Nelze to udělat. それはできない。

nadále　この先、さらに　Moje rozhodnutí platí i nadále. 私の決心はこの先も変わらない。

nahoře　上で・に　Jeho jméno je nahoře v seznamu. 彼の名前は名簿の上（最初）にある。

někde　どこかで・に　Jsou tam někde záchody? そのへんのど

こかにトイレはありますか。

nikde　どこにも～ない　Nikde jsem ji neviděl. 私は彼女をどこでも見なかった。

odpoledne　午後　dnes odpoledne 今日の午後

pouze　～のみ、たった　Myslí pouze na zábavu.　彼はパーティーのことしか考えていない。

tamhle　1. そこで･に、向こうで･に　Tamhle jde náš učitel. そこを私たちの先生が歩いている。2. そこへ･に　Podívej se tamhle nalevo. あちらの左を見なさい。

vedle　1. そばに、隣に、横に　Obchod najdete hned vedle. 店はすぐそばにあります（見つけられます）。 2.（矢などが）それて

velice　比：více, víc　とても、たいへん　Je mi to velice líto. たいへん残念です。

všude　いたるところに　Všude, kam přišel, ho vítali. 彼は行く先々で歓迎された。

zde　ここで・に　Zůstaňte zde. ここにいてください。

6204　-i, -í

kdysi　かつて　Kdysi mi o tom vyprávěl. かつて彼はそれについて語ってくれた。

naproti　向かい側に、反対側に　Je to hned naproti. それはちょうど向かい側にある。

naštěstí　幸運にも、幸いにも　Naštěstí se vrátil včas. 幸いにも彼は時間通りに帰って来た。

nyní　今　Nyní je bez práce. その人には今仕事がない。

pozítří　あさって　Přijď pozítří. あさっておいで。

předloni　おととし　Byl tu loni i předloni. 彼はここに去年もおととしも来た。

velmi　比：více, víc　とても、非常に、ずいぶん　velmi krátké vlny 超短波

6205 -y

dohromady 全部で、まとめて、一緒に Dohromady tam bylo 40 lidí. そこへは全部で40人が来た。 pracovat dohromady 一緒に働く

jindy 1. 違う時に Setkáme se jindy. 別の機会にお会いしましょう。 2. かつて hůře než kdy jindy いまだかつてなく悪い

kdy 1. いつ Kdy se to stalo? それはいつ起きたのか。 2. ～のとき Přijďte, kdy se vám to bude hodit. ご都合のよろしいときにいらしてください。

kudy どこを通って Kudy vede cesta? 道はどこを通っていくのだろう。

málokdy 稀に Alena a Petr se málokdy hádají. アレナとペトルはめったに言い争うことがない。

někdy あるとき、いつか Bylo to někdy na jaře. それはある春のことだった。 Přijď nás někdy navštívit. いつか遊びに来てね。

nikdy 決して～ない、1度も～ない Už ho nechci nikdy vidět. 彼にはもう決して会いたくない。

pěšky 徒歩で、歩いて Půjdeme tam pěšky? そこへは歩いて行きましょうか。

tady ここで・に Líbí se ti tady? ここは気に入っているの？

tehdy 1. 当時 Tehdy jsme se ještě neznali. 当時私たちは知り合いではなかった。 2. その場合 Přijde za mnou jenom tehdy, když něco potřebuje. その人は何か必要な時にだけ私のところに来る。

tudy こちらへ・に、この道を通って Tudy se nedá projet. ここを通り抜けることはできない。

zpátky もとへ、戻って Už je zpátky z dovolené. その人はもう休暇から戻ってきている。

6206 -o

co どうして Co se pořád směješ? どうしてずっと笑っているの。

líto 1. かわいそうだ Bylo mi ho líto. 彼がかわいそうだった。 2. 気の毒だ、すみません Je mi líto, ale nemohu. すみませんができません。

mimo そばを、外を stát mimo 傍観する(そばに立つ)

místo 代わりに Místo do školy šel k lékaři. 彼は学校へ行く代わりに医者へ行った。

mnoho 比：více, víc 多くの、多い、たくさん Mnoho mluví, málo dělá. 口数が多くて手が動かない。

najevo 明らかに Pravda vyjde najevo. 真実は明らかになる。

nalevo 1. 左へ・に Jděte nalevo. 左へ行ってください。 2. 左で・に Nalevo vidíte divadlo. 左に劇場が見えます。

napravo 1. 右へ・に Jděte napravo. 右へ行ってください。 2. 右で・に stát napravo od okna 窓の右に立っている

okolo 1. 周りに、あたりに Mluvil ke všem okolo. 彼は周りの人みんなに話していた。 2. そばに Až půjdeš okolo, zastav se u mě. 近くに来たらうちに寄ってね。

proto ～のために(目的、理由) Petr to udělal proto, aby mu pomohl. ペトルは彼を助けようとしてそれをした。

přesto ～にもかかわらず、～にかまわず Přišel přesto, že měl málo času. 彼は時間がほとんどないにもかかわらずやってきた。

ráno 朝に dnes ráno 今朝

skoro ほとんど Vidíme se skoro každý den. 私たちはほとんど毎日会っている。

vlevo 1. 左へ・に Vlevo v bok! 左向け、左！ 2. 左で・に V Japonsku jezdí auta vlevo. 日本では自動車は左を走る。

vpravo 1. 右へ・に Dejte se první ulicí vpravo. 最初の通りを右に行ってください。 2. 右で・に Seděla vpravo ode mne. 彼女は私の右にすわっていた。

zadarmo ただで、無料で Nic není zadarmo. ただでは何も得られない。

zato そのかわり、でも Je to drahé, zato kvalitní. それは高価だが、そのかわり質がよい。

dopředu 1. 前方へ・に、前へ・に Dívej se dopředu! 前を見なさい！ 2. あらかじめ Věděl jsem to dopředu. それはあらかじめ知っていた。

dozadu 後ろへ・に Sednu si dozadu.（車で）後ろに座ります。

jednou 一度、ある日、あるとき Byl jednou jeden král. 昔々あるところに一人の王様がいました。

náhodou 偶然に Náhodou tam zrovna byl. 彼は偶然にもまさにそこにいた。

nahoru 上へ・に Šli jsme po schodech nahoru. 私たちは階段を上っていった。

najednou 1. 突然 Najednou začalo pršet. 突然雨が降り出した。 2. 一度に、一斉に Nemluvte všichni najednou. みんなで一斉に話さないでください。

opravdu 本当に、実際に Byl opravdu překvapen. 彼は本当に驚いた。

potichu 1. 静かに Mluví potichu. その人は静かに話す。 2. 無言で、黙って Potichu hleděl z okna. 彼は無言で窓の向こうに目をやっていた。

spolu 1. 一緒に Chodili jsme spolu do školy. 私たちは一緒に学校へ通っていた。 2. 互いに Ty dvě věci spolu souvisí. それら２つのことは互いに関連している。

tu 1. ここで・に Je tu teplo. ここは暑い。 2. そのとき Tu si vzpomněl na svého otce. そのとき彼は自分の父親を思い出した。

venku 外で・に Venku je zima. 外は寒い。

většinou たいてい、大部分は Kvalita zboží většinou klesá s cenou. 商品の質はたいてい価格と共に下がる。

vzadu 後ろで・に Jsou daleko vzadu. 彼らははるか後にいる。 černý vzadu 黒幕

6208　-ů

dolů　下へ・に　Hleděl dolů. 彼は下を見ていた。 Ceny jsou dolů. 物価が下がっている。

domů　家へ・に、故郷へ・に　Už musím jít domů. もう帰宅しなければ。

6209　-c

moc　とても、すごく、たくさん　Moc mě to mrzí. それはとても残念だ。

nakonec　最後に、最終的に　Nakonec se rozhodl jinak. 彼は最後に決定を変えた。

navíc　しかも、加えて　Je krásná, a navíc chytrá. 彼女は美しい。しかも頭がいい。

6210　-č

proč　なぜ、どうして　Proč to neřekl hned? どうして彼はそれをすぐにいわなかったのだろう。

pryč　離れて、外へ・に、去って　Jdi pryč! あっちへ行け！

6211　-d, -ď

dokud　〜する限り、〜するまで　Budu si to pamatovat, dokud budu žít. 生きている限り私はそれを覚えていることだろう。

hned　すぐに　Přijdu hned. すぐにまいります。 Zahrada je hned vedle domu. 庭は家のすぐ隣にある。

ihned　すぐに、たちまち　Přijdu ihned. すぐにまいります。 Ihned to pochopil. 彼はたちまち理解した。

napřed　1. 前へ(時間)、進んで　Hodiny jsou napřed. 時計が進んでいる。 2. 前に・を　Napřed šel vedoucí. 前を上司が歩いていた。 3. まず　Napřed mi řekni, co chceš dělat. まず、何をしたいかいいなさい。

například　たとえば　někteří spisovatelé, jako například Jaroslav Hašek たとえばヤロスラフ・ハシェクのような何人かの作家

odkud どこから Odkud jsi? どこの出身なの。

odtud ここから Jak je to odtud daleko? それはここからどのくらい遠いのですか。

pokud ～する限り、～するまで Pokud vím, tak ne. 私の知る限り、そうではない。

poněkud 少しばかり、少々 Byli jsme poněkud unavení. 私たちは少しばかり疲れていた。

pořád いつも、ずっと Pořád chodí pozdě. その人はいつも遅刻する。

teď 今 Právě teď mi volal. ちょうど今彼から電話があったところだ。

uprostřed 中央で・に、まんなかで・に Náměstí má uprostřed sochu. 広場の中央には銅像がある。

vpřed 前へ・に jít vpřed 前進する

6212 -k

jak 1. いかに、いかが、どのように Jak se máš? 元気？ 2. なんと Jak ten čas letí! 時が経つのはなんと速いことか！ 3. ～のように Jak řekli, tak udělali. 彼らはいった通りにおこなった。

jednak（jednak – jednak で）1つには、また1つには Jednak nemám čas, jednak peníze. 1つには時間がないし、また1つにはお金がない。

jinak 1. 別の方法で Jinak to nejde. 別の方法ではいけません。 2. その他に関しては A co jinak? 他はどうですか。

naopak 逆に、反対に、かえって Dělá všechno naopak, než chci. その人はすべてを私の望むのとは反対にする。

natolik ～するほどに、～に足るだけ Je natolik chytrý, aby to neřekl. 彼はそれをいわないくらいには頭がいい。 Natolik ho zase neznám. 彼のことはそんなにはよく知らない。

pak その後 Vstal a pak se umyl. 彼は起きるとその後顔を洗った。

tak 1. そのように、そう Tak to nebylo. そうではなかった。 2. そんなにも Kam tak spěcháš? そんなに急いでどこへ行くんだ。 3. だいたい Je to tak deset let. だいたい10年だ。

celkem 全部で Cesta trvá celkem dvě hodiny.（そこへは）全部で２時間かかる。

jinam ほかの場所へ Půjdeme jinam. ほかの場所へ行こう。

kam どこへ Kam to dal? 彼はそれをどこへやったのだろう。

kolem まわりを všude kolem そこらじゅう

málem かろうじて、ほとんど、もう少しで Málem na to zapomněl. 彼はもう少しでそれを忘れるところだった。

mezitím 1. その間 Vyprávěla a mezitím něco hledala. 彼女は語っていた。そしてその間何かを探していた。 2. さしあたり Třeba se už mezitím vrátil. 彼はもうさしあたり帰ったのではないかな。

mnohem ずっと、はるかに（比較級とともに） Cítí se mnohem lépe. 彼はずっとよくなったと感じている。

navzájem 互いに Navzájem se nenávidí. 彼らはお互いに憎み合っている。

někam どこかへ・に Jeli na dovolenou někam k moři. 彼らは休暇でどこか海へ行った。

nikam どこへも〜ない Nikam nepůjdeš! どこへも行っちゃダメ！

potom その後 A co se stalo potom? で、その後何が起きたの？

předem まえもって、あらかじめ Dejte nám vědět předem. まえもって知らせてください。

předevčírem おととい Vrátili se předevčírem. 彼らはおととい帰って来た。

především 第一に、まず Především jde o čas. まず時間が問題だ。

předtím その前に、それ以前に Nikdy předtím jsem o tom slyšel. その前にそれについて聞いたことなどなかった。

přitom 同時に Jí a přitom si čte. 彼は食べながら読んでいる。

sem こちらへ・に Pojď sem. こっちへおいで。

tam 1. そこで・に、あそこで・に někde tam vzadu そのへんのどこか後で 2. そこへ・に、あそこへ・に Nedívej se tam! そっちを見ないで！

zatím 1. その間 Sedněte si, já zatím udělám kávu. おかけになってください、その間にコーヒーをいれます。 2. 今のところ、さしあたり Zatím musíme zůstat tady. さしあたり私たちはここに残っていなくてはならない。

6214 -n, -ň

nejen ～のみならず Nejen chlebem živ jest člověk. 人はパンのみで生きるにあらず。

ven 外へ・に Podívej se ven z okna. 窓の外を見て。

zároveň 1. 同時に Přišli zároveň. 彼らは同時にやってきた。 2. しかも Je bohatá a zároveň krásná. 彼女は金持ちでしかも美しい。

6215 -r, -ř

večer 夕方に、夜に (Na shledanou) dnes večer. 今夜（お会いしましょう）。

dovnitř 中へ・に Pojďme dovnitř! 中に入ろう。

téměř ほとんど、ほぼ（文語） Je téměř zdráv. 彼はほぼ健康だ。

uvnitř 中で・に Honza čeká uvnitř. ホンザは中で待っている。 Uvnitř se smála. 彼女は心の中で笑っていた。

6216 -s, -š

dnes 今日 Co je dnes za den? 今日は何曜日ですか。

dodnes 今日に至るまで V tomto městě žije dodnes. その人はこの町に今日に至るまで住んでいる。

letos 今年 letos na jaře 今年の春に

občas 時々 Stává se to jen občas. それは時々にしか起こらない。

včas 時間通りに、間にあって Buď' tam včas. そこへは間にあうように行きなさい。

příliš あまりに Je to na mne příliš drahé. それは私には高すぎる。

6217 -t, -ť

opět 再び、また Jsem opět zde. またここに戻ってきた。

tentokrát 今回 Tentokrát ti neporadím. 今回は君に助言しない。

zpět 1. 後ろへ・に poslat balík zpět 小包を返送する 2. 元へ・に Dej tu knihu zpět na místo. その本を元の場所に戻しなさい。 3. 過去へ・に vracet se zpět do mládí 若いころに帰る

zvlášť 1. かなり、とても zvlášť dobré jídlo とてもおいしい食べ物 2. 別々に Půjdeme tam každý zvlášť. 私たちはそこへ各自ばらばらに行く。

6218 -z, -ž

skrz 向こう側へ・に Projdi tudy skrz. ここを通り抜けて行きなさい。

až まで Úkol je na stranách 5 až 10. 宿題は5ページから10ページまでだ。

již すでに、もう Již je všemu konec. すでにすべて終わった。

přičemž それに、と同時に Stále každému radí, přičemž tomu vůbec nerozumí. 彼はいつでもみんなにアドバイスを与えているが、と同時にそれをまったく理解していない。

už もう 1. Už odjeli. 彼らはもう出て行った。 2.(強調) Už třetí noc nespím. 3晩も寝ていない。

6219 形にバリエーションのあるもの

brzy / brzo 1. まもなく、すぐに Brzy budou Vánoce. まもなくクリスマスだ。 2. 早く brzo ráno 早朝に

dál / dále さらに、先へ Dále! どうぞ(お入りください)。 Pošli to dál. これを次の人に回して。

dost / dosti 1. 充分に Máme dost času. 時間は充分ある。 2. かなり、相当 Je dost teplo. 相当暑い。

dosud / doposud これまでのところ Nikdo si dosud nestěžoval. これまでのところ誰も不平をいっていない。

dříve / dřív 1. 以前、かつて Dřív tu bylo víc lidí. 以前ここにはもっと人がいた。 2. もっと早

く Přijdu dříve než ve tři hodiny. 3時よりも前にまいります。

jen / jenom ～のみ、～だけ Ten vlak jezdí jen v neděli. その列車は日曜日にだけ運行する。

kdekoli / kdekoliv どこでも Sejít se můžeme kdekoli. どこで会ってもかまいません。

kdykoli / kdykoliv いつでも Zavolej kdykoli. いつでも電話してちょうだい。

loni / vloni 去年 loni o prázdninách 去年の休暇中に

nanejvýš / nanejvýše せいぜい、多く見積もって Budu pryč nanejvýš dva, tři dny. 留守にしますが、せいぜい2·3日です。

naposledy / naposled 最後に Kdy jsme se viděli naposled? 最後にお目にかかったのはいつでしたっけ。

nejméně / nejmíň 少なくとも、最小限 Bylo tam nejméně sto lidí. そこには少なくとも100人はいた。

nejprve / nejprv まず、最初に Nejprve si umyj ruce! まず手を洗いなさい！

raději / radši むしろ Měli bychom raději jít domů. 私たちはむしろ帰宅した方がよかったのではないか。

sotva / sotvaže やっと Sotva stojí na nohou. 両足で立っているのもやっとだ。

také / taky 1. しかも Je chytrý a také dobrý. 彼は頭がよく、しかも善良だ。 2. ～も Mám hlad. – Já také. おなかがすいた。－私も。

takhle / takto このように Takto by to dál nešlo. この先はこのようにはいかないだろう。

tenkrát / tenkráte 当時、そのとき Tenkrát se žilo jinak. 当時の生活は違っていた。

teprve / teprv ようやく Dostal jsem to teprve včera. きのうようやくそれを受け取った。

trochu / trošku 少し、ちょっと Umí trochu německy. その人は少しドイツ語ができる。

vpředu / vepředu 前方に・で Jsou daleko vpředu. 彼らはずっと前の方にいる。

vždy / vždycky いつも Byla stejná jako vždy. 彼女はいつもとかわりなかった(同じだった)。

zase / zas 再び Zase začíná pršet. また雨が降り出した。

znovu / znova また、再び Zítra to zkusím znovu. 明日またやってみます。

7．前置詞

71XX　形にバリエーションのない前置詞

7101　２格／生格と結びつく前置詞

během　1. ～の間に　během prázdnin 休暇中に　2. ～以内に　během dvaceti čtyř hodin 24時間の間に、24時間以内に

blízko　～の近くに　sedět blízko dveří ドアのそばに座っている

do　～（の中）へ・に　vlak do Prahy プラハ行きの列車

dovnitř　～の中へ・に　vejít dovnitř budovy 建物の中へ入る

kolem　1. ～の周りに　chodit kolem stromu 木の周りを歩く　2. ～頃（時間）　kolem Vánoc クリスマスの頃　3. ～に沿って　stromy kolem cesty 道沿いの木

kromě　1. ～以外は、～を除いて　Je otevřeno denně kromě pondělí. 月曜日以外は毎日開いている。 2. 加えて　Kromě bratra mám ještě sestru. 兄に加えて姉もいる。

místo　～の代わりに　Udělám to místo tebe. 君の代わりにそれをするよ。

nedaleko　～の近くに　Bydlí nedaleko školy. その人は学校の近くに住んでいる。

okolo　1. ～の周りに　okolo pasu ウエストの周りに　2. ～あたりを、～のそばを　Prošel okolo mě. 彼は私のそばを通り過ぎた。 2. ～頃　okolo poledne 正午頃

podél　～に沿って　jít podél řeky 川に沿って歩く

podle　1. ～通りに　Všechno jde podle plánu. すべては計画通りに運んでいる。 2. ～によると　Znám vás jen podle jména. お名前だけはかねがねうかがっております。 podle mého názoru 私が思うに

pomocí　～のおかげで、～の助けを借りて　pomocí rozhlasu 放送の助けを借りて

prostřednictvím　～を仲介して、～を通じて　přihlásit se prostřednictvím internetu インター

ネットを通じて申し込む

u 1. ～のところで・に bydlet u rodičů 両親のところに住む 2. ～のそばに sedět u zrcadla 鏡のそばに座る

uprostřed 1. ～の中央に země uprostřed Evropy ヨーロッパの中央にある国 2. ～の最中に odejít uprostřed přednášky 講義の最中に立ち去る

uvnitř ～の中で・に čekat uvnitř domu 家の中で待つ

včetně ～を含む Všichni, včetně mě, souhlasili. 私を含むみんなが賛成した。

vedle 1. ～のそばに、隣に Maminka seděla vedle sestry. お母さんは妹の隣に座っていた。 2. ～に加えて Vedle svého oboru studuje také jazyky. その人は専攻に加えて言語も学んでいる。

za ～の時代に za války 戦争中に

7102 3格／与格と結びつく前置詞

díky ～のおかげで Díky tomu, že... ～のおかげで

kvůli ～のために、～のせいで Kvůli nemoci přestal kouřit. 彼は病気のせいでタバコをやめた

naproti 1. ～の向かい側に、反対側に Seděli naproti sobě. 彼らは向かい合って座っていた。 2. ～に対して Otec je velký, jeho bratr naproti tomu malý. 父は大柄で、それに対して父の弟は小柄だ。

oproti ～と比較して Oproti mně je stará. 彼女は私と比べると年をとっている。

proti 1. ～の反対（側）に sedět proti dveřím ドアと反対側に座る 2. ～に反して Je to proti pravidlům. それは規則違反だ。 3. ～に対抗する、～止めの Potřebuji nějaké léky proti bolesti. 何か痛み止めの薬が必要だ。 4. ～に向かって jít proti větru 風に向かって歩く

vůči ～に対する、～に反対の Nejsi vůči němu zaujatý? 君は彼に対して偏見をもっていないか。

7103　4格／対格と結びつく前置詞

mezi　～の間へ・に　Přijď mezi nás. こっちへおいでよ。

mimo　1. ～のそばを　bydlet mimo město 郊外に住む　2. ～をはずれて　mimo provoz 故障中　3. ～の他に　Mimo mě jí nikdo nerozuměl. 私を除いて彼女を理解していたものは誰もいなかった。

na　1. ～(の上)へ・に　dát knihu na stůl 机の上へ本を置く　hlásit se na vysokou školu 大学に願書を出す　2. ～のために　jít na pivo ビールを飲みに行く　3. ～(時間)の予定で　půjčit si auto na dva dny 2日の予定で車を借りる

o　～だけ(比較の差)　Bratr je starší o dva roky než já. 兄は私より2歳年上だ。

po　1. ～まで　Přeložil text až po desátou větu. 彼はテキストを10番目の文まで訳した。　2. ～の間中　po celou zimu 冬の間中

pro　1. ～のために・の　boty pro dceru 娘のための靴　2. ～としては、～にとっては　Je to pro nás výhodné. それは私たちにとって好都合だ。　3. ～のうちは　pro začátek はじめのうちは

skrz　～を通して、～を通って　dívat se skrz brýle 眼鏡越しに見る　Dívá se na nás skrz prsty. 彼は私たちを見下している(指越しに見る)。

za　1. ～の後ろへ・に　Přijdu za hodinu. 1時間後にまいります。　2. ～あたり　jednou za týden 1週間に1度

7104　6格／前置格と結びつく前置詞

na　～(の上)で・に　na stole 机の上に　pracovat na zahradě 庭仕事をする

o　1. ～について　O čem přemýšlíš? 何を考えこんでいるのか。　2. ～ある　byt o třech pokojích 3部屋あるアパート

po　1. ～の後で　po obědě 昼食後に　2. ～中を　chodit po městě 町中を歩く　3. ～を介して　poslat dárek po kamarádovi 友人を介してプレゼントを贈る

při　～の際に　při této příležitosti この機会に

7105　7格／造格と結びつく前置詞

mezi　〜の間で・に　sedět mezi otcem a matkou 父と母の間にすわっている　období mezi dvěma válkami 戦間期（2つの戦争の間）

za　1. 〜の後ろで・に　poslouchat za dveřmi ドアの後ろで聞く　2. 〜のところへ・に　jet za tetou おばのところへ行く

72XX　形にバリエーションのある前置詞

子音で終わる前置詞は末尾に e を伴うバリエーションをもっている。前置詞の最後にある子音と同じ、または類似の子音で始まる語が続くとき、2つ以上の子音で始まる語が続くときに e を伴いやすい。

7201　2格／生格と結びつく前置詞

bez / beze　〜なしで、〜のない　místnost bez okna 窓のない部屋　beze sporu 論ずるまでもなく

od / ode　1. 〜から　dopis od babičky おばあさんからの手紙　2. 〜以来　od rána 朝から　3. 〜作の　román od toho spisovatele その作家の小説

s / se　（文語）〜（の上・表面）から　(sundat kufr) se skříně たんすの上から（スーツケースを降ろす）

z / ze　1. 〜から　vystoupit z vlaku 列車から降りる　spadnout ze schodů 階段から落ちる　2. 〜出身の　Je z Prahy. その人はプラハ出身だ。3. 〜のうち　jeden z mnoha zaměstnanců たくさんの従業員のうちの1人　4. 〜が原因で　nemoc z povolání 職業病（職業が原因の病気）

7202　3格／与格と結びつく前置詞

k にのみ、ke に加えて ku というバリエーションもある。p で始まる語が続くときに ku となったが、現在では規則的とはいえない。しかし ku pudivu「驚いたことに」などの語結合には残っている。

k / ke / ku　1. ～の方へ　Situace se obrátila k lepšímu. 状況は好転した。 2. ～近くに　vrátit se k ránu 朝方帰る

7203　4格／対格と結びつく前置詞

nad / nade　1. ～の上方へ・に　(pověsit) nad stůl 机の上へ(吊るす)　2. ～以上の　Žijeme si nad poměry. 私たちは分不相応の生活をしている。

pod / pode　～の下へ・に　pod postel ベッドの下へ

před / přede　～の前へ・に　Dívej se přímo před sebe. 前をまっすぐ見なさい。

přes / přese　1. ～を渡って　jít přes most 橋を渡って行く　2. ～を通して　seznámit se přes internet インターネットを通じて知り合う　3. ～を越えて　most přes řeku 川にかかる橋　Je mu přes padesát. 彼は 50 過ぎだ。 4. ～経由で　jet do Prahy přes Jihlavu イフラバ経由でプラハへ行く

v / ve　1. ～に(時間)　Odjel v pátek. 彼は金曜日に出発した。 ve tři odpoledne 午後 3 時に　2. ～へ・に(ある状態・行動)　To nepřichází v úvahu. それは考慮に値しない。

7204　前置格／6格と結びつく前置詞

v / ve　～(の中)で・に　ve stole 机の中に　pracovat v obchodě 店で働く

7205　7格と結びつく前置詞

nad / nade　～の上方で・に　nad hlavou 頭上に　20 stupňů nad nulou 20 度

pod / pode　～の下で・に　pod stolem 机の下に　Venku je deset pod nulou. 外は零下 10 度だ。

před / přede　～の前で・に　čekat před domem 家の前で待つ　před padesáti lety 50 年前に

s / se　～と、～つきの　žít s partnerem パートナーと暮らす　káva s mlékem ミルク入りコーヒー

8．接続詞

81XX　形にバリエーションのない接続詞

8101　１語からなる接続詞

a　そして、～と　rodiče a děti 親と子　V pokoji čte noviny a pije kávu. その人は部屋で新聞を読みながらコーヒーを飲んでいる。

aby　するために、～するように　Odjela do Londýna, aby se naučila anglicky. 彼女は英語をマスターするためにロンドンへ発った。 Radím ti, abys to nedělal. 忠告しておくけど、それをしない方がいい。

ale　しかし　Byla tu, ale neviděla mne. 彼女はここにいたけど、私を見なかった。

ani　～も（ない）　Dva dny nejedl ani nepil. 彼は２日もの間食べも飲みもしなかった。

aniž　～せずに　Vstoupila, aniž by pozdravila. 彼女は挨拶をしようともせずに入ってきた。

at’　1. ～するように　Řekni mu, at’ počká. 彼にちょっと待つようにいってください。 2. たとえ～でも　At’ je to kdekoliv, najdu to. それがどこにあろうと、見つけ出す。

avšak　しかしながら、けれども　Volal jsem, avšak on neslyšel. 私は呼んだのだが、彼には聞こえなかった。

až　～のときに（未来）　Až se vrátí, zavolej. 彼が帰ってきたら電話して。

co　1. ～以来　Co ho znám, nikdy nepil alkohol. 彼と知り合って以来、彼は決してアルコールを口にしたことはない。 2. ～なだけ（分量・程度）　Dali mu tolik času, co potřeboval. 彼は必要なだけ時間を与えられた。

či　あるいは、それとも　Být, či nebýt? 生きるべきか、それとも死ぬべきか。 Nevím, zda už se vrátil, či ne. 彼が帰ってきたのか来なかったのかわからない。

i　～も　dnem i nocí 昼も夜も、絶えず

jak 1. ～ということ（見る、考える、いうという意味の動詞の後にその内容を伝える） Slyšel jsem, jak mě volá. 私は、彼が呼んでいるのが聞こえた。 2. ～のときに（口語） Jak se dostanu na místo, zavolám. 現場に着いたら、電話するよ。

jakmile ～するとすぐに Jakmile přijdu domů, zavolám ti. 家に着いたらすぐに君に電話するよ。

jako 1. ～のように zdravý jako ryba 魚のようにぴんぴんしている 2. ～として Pracovala jako učitelka. 彼女は教師として働いていた。

jakoby まるで～のように dělat jakoby nic 何でもないかのようにふるまう

kdežto 一方 Šel domů, kdežto já spěchal k lékaři. 彼は家へ帰った。一方私は医者へ急いだ。

kdyby もし（＋条件法） Kdyby bylo hezké počasí, šli bychom na procházku. 天気がよければ私たちは散歩にでかけるのに。

když 1. ～のときに（過去、現在） Když nemám co dělat, dívám se na televizi. することがないと、テレビを見る。 2. もし Když mě pozve, ráda tam půjdu. 招待してくれれば、喜んでそこへ行く。

-li 1. もし Budeš-li mít čas, zastav se u mě. 時間があれば寄ってくれ。 2. ～かどうか Nevěděl, má-li se smát nebo plakat. 笑っていいものか、泣いていいものか彼にはわからなかった。

nebo あるいは、または Chceš kávu, nebo čaj? お茶が欲しいの、それともコーヒーがいいの。（どちらか1つを選ぶ場合：neboの前にコンマ） Večer si budu číst nebo koukat na televizi. 夜は読書かテレビを見るつもりだ。（2つ以上の選択肢を提示する場合：コンマなし）

nebot' ～なのだから Šel pěšky, nebot' bylo hezky. 彼は徒歩で行った。いい天気だったのだ。

nicméně それでもやはり Nebylo mu dobře, nicméně do práce šel. 彼は具合がよくなかったが、それでもやはり仕事に行った。

nýbrž ～ではなく Nezajímá ji minulost, nýbrž přítomnost. 彼女が関心をもっているのは過去ではなく、現在なのである。

pak　そうなら（結果）　Trváš-li na tom, pak ti řeknu pravdu. 君がそれにこだわっているのなら、本当のことをいおう。

pokud　もし　Pokud se mýlím, oprav mě. 間違っていたら直してね。

proto　だから　Venku prší, proto zůstanu doma. 外は雨が降っているから、家にいよう。

protože　なぜなら　Nevěřím mu, protože už ho znám. 私は彼を信じない。彼を知っているからだ。

přesto　それにもかかわらず（前の文を否定）　Mám její číslo, a přesto jí nezavolám. 私は彼女の電話番号をもってはいるが、電話しない。

přestože　にもかかわらず、ではあるけれども（譲歩）　Přestože pršelo, šel jsem na procházku. 雨が降ってはいたが、散歩にでかけた。

tak　だから　Nebylo mu dobře, tak šel domů. 彼は具合が悪かったので帰宅した。

takže　だから　Jsem unavená, takže si na chvíli odpočinu. 疲れたので、ちょっと休もう。

tedy　したがって、そのため、ゆえに　Myslím, tedy jsem. 我思う、ゆえに我あり。

totiž　なぜなら　Nerozumím mu, mluví totiž anglicky. 彼のいうことがわからない。英語を話しているから。

tudíž　したがって（文語）　Byl už starý, tudíž dobře neviděl. 彼はもう年なので、目が悪かった。

však　しかし、ところが　Válka skončila, mezinárodní spory však pokračují. 戦争は終わったが､国際的な論争は続いている。

vždyť　～なのだから　Nespěchej, vždyť máš času dost. 急ぐな、時間はたっぷりあるのだから。

zatímco　1. ～している間に　Zatímco čekal na vlak, četl si noviny. 彼は電車を待っている間に新聞を読んでいた。 2. 一方　Ráda plavu, zatímco on rád řídí auto. 私は泳ぐのが好きだが、彼の方はドライブが好きだ。

že　～ということ　Nevěřila, že by se mohl vrátit. 彼女は彼が帰って来られるとは信じていなかった。

8102　複数の語からなる接続詞

a proto　だから　Venku prší, a proto zůstanu doma. 外は雨が降っている。だから家にいよう。

a sice　すなわち、つまり　dvakrát týdně, a sice v pondělí a ve středu 週２回、つまり月曜日と水曜日に

a tak　だから、それで　Moc toho neví, a tak raději mlčí. 彼はそれをあまり知らないので、むしろ黙っている。

i když　〜にもかかわらず　I když je venku zima, chodí bez kabátu. 外は寒いというのに、その人はコートを着ずに歩いている。

sice ... ale　たしかに〜ではあるが　Sice jsem to udělal, ale pozdě. たしかに私はそれをしたが、間にあわなかった。

82XX　形にバリエーションのある接続詞

8201　形にバリエーションがあり、１語からなる接続詞

ač / ačkoliv / ačkoli　〜にもかかわらず　Šel tam, ačkoli nebyl zván. 彼は呼ばれていなかったのにそこへ行った。

anebo / aneb　あるいは　Vrátíš se dnes, anebo zítra? 今日帰ってくるの、それとも明日？

jen / jenom　〜するとすぐに　Půjdu, jen co to napíšu. これを書きあげたらすぐにでかける。

jenže / jenomže　ただ、でも　Rád by cestoval, jenže nemá peníze. 彼は旅をしたいのだが、ただお金がない。

jestli / jestliže　1. もし　Jestli budu mít čas, zavolám. 時間があれば電話する。 2.〜かどうか　Ptal se, jestli přijdou všichni. 彼はみんなが来るかどうか訊いていた。

kdykoli / kdykoliv　〜するときはいつでも　Kdykoli ho vidím, má v ruce cigaretu. 彼はいつ会っても手にタバコを持っている。

než / nežli　1. 〜よりも　Lépe pozdě než nikdy. 何もしないよりも後からでもやったほうがいい。 2.〜より前に　Než přišel domů, začalo pršet. 彼が家に着く前に雨が降りだした。

sotva / sotvaže　～するとすぐに　Sotva Karel přišel domů, začal psát dopis. カレルは帰宅するとすぐに手紙を書き始めた。

zda / zadali　～かどうか　Nevím, zda by nebylo lepší odejít. 出て行く方がよかったのかどうか、わからない。

8202　形にバリエーションがあり、複数の語からなる接続詞

bud' / bud'to...nebo　あるいは　Bud' mu zavolám, nebo napíšu. 彼に電話をするか手紙を書こう。

přece / přec... a (ale, však)　とはいえ　Má své chyby, ale přece ho mám ráda. 彼には彼なりの欠点があるが、それでも私は好きだ。

クイズ

以下の4つの語のうち、格の異なるものを1つ選んでください。

1. akce　bance　matce　zkoušce

次は性と格の異なる語が1つだけあります。どれでしょう。

2. vrstva　výstava　venkova　záplava

以下の3題は品詞の異なる語を見つけ出す問題です。それぞれ1つだけ違う品詞がまぎれこんでいますので、選んでください。

3. dobám　doufám　květinám　podobám
4. lázně　krajině　jedině　hodině
5. král　hrál　přál　stál

このように、一見すると同じ末尾でありながら、表わす文法機能が異なる可能性があります。　（解答は301ページ）

9. 助　詞

91XX　形にバリエーションのない助詞

9101　他の品詞とも共通する助詞

a　それで、で　No a? それでどうしたの。

aby　～であればいいのに　Už aby byl pátek. もう金曜日ならいいのに。

ale　なんと（驚き）　To je ale počasí! まったくなんて天気だ！

ani　1. ～すらない　Nevěřím mu ani slovo. 彼のことは一言だって信じない。 2. さあ（不確実性）　Půjdeš se mnou? – Ani nevím. 一緒に行く？ – さあ、どうかな。

at'　～でありますように　At' se to neopakuje. それが繰り返されませんように。

až　やっと、ようやく（予想より遅れて）　Přijde až zítra. その人はようやく明日来る。

celkem　まあまあ　Je to celkem dobré auto. これはまあまあいい車だ。

co　～でしょ（呼びかけ）　Tobě se to asi moc nelíbí, co? 君はそれがあんまり好きではないのでしょ。

což　～なの！？（驚き）　Což si na mě nevzpomínáte? 私のことを覚えていないのですか。

dobře　よし、結構、わかった（賛成、確信）　Dobře, tentokrát máš pravdu. わかった、今回は君のいうとおりだ。

hlavně　とくに、とりわけ　Zajímá ho historie, hlavně evropská. 彼は歴史に、とりわけヨーロッパ史に興味がある。

hned　～ですらも（強調）　Přišli hned dva. 2人も来た。

i　～ですら、～まで（非難の意味をこめた強調）　Jel tam i s rodinou. 彼はそこへ家族まで連れて行った。

jasně　もちろん（賛成、誰かが疑うことへの驚き）　Přijdeš taky? – No jasně! 君も来る？ –ああ、もちろん！

jestli　～かな（疑いや心配） Jestli nebude lepší skončit! もうやめたほうがよくはないか。

ještě　まさに（強調）、～だなんて（警告や気に入らないこと） Ještě ráno jsem s ní mluvil. まさに朝、彼女と話した。 Ještě že neprší! 雨が降らないなんて！

již　（強調）、もう（ある行為が2度と起こらない） Jak již bylo řečeno. 述べられたとおりなのだ。 Již se to nestane. これはもう起こらない。

kdyby　～であれば（願望） Kdyby byl konec! もう終わってくれれば！

když　～なのに（残念さ） Když on je tak milý! 彼はあんなにも親切なのに！

klidně　まちがいなく（確実性） Klidně se to mohlo stát. それはまちがいなく起こりえた。

konečně　結局 Konečně je to tvoje věc. 結局は君に関係することだ。

možná　おそらく、たぶん Možná si na to později vzpomeneš. たぶん君はあとでそれを思い出すことだろう。

náhodou　意外にも、思いがけなく（何らかの意見に反して） Náhodou jsem přišel včas. 意外にも時間通りに着いた。

najednou　～するなんて（軽い非難をこめた驚き） Najednou sis vzpomněl! 君が思い出したとはね！

nakonec　結局 Nakonec budeš mít pravdu. 結局は君が正しいのだろう。

naopak　そうではない、いや（反対、否定） Tak jsi s tím skončil? – Naopak, teď teprve začnu! じゃあ、もうそれは終わらせたの。－いや、今やっと始めるところ！

naštěstí　おかげさまで（満足） Je ti něco? – Naštěstí ne. どうかしたの。－おかげさまで、なんでもない。

opravdu　本当に、まったく（確信） Je to opravdu velmi zvláštní. まったくのところひどく奇妙だ。

pak　まったく（嘲笑） Pak to ale musí být pravda. まあ、それはそうなんだけどね。

pochopitelně　もちろん（賛成） Jdeš do kina? – Pochopitelně. 映画に行くの。－もちろん。

potom （主張の対立） Odvedl mi dívku a potom prý je to můj přítel. 彼は僕の恋人を奪っておきながら、友達なんだそうだ。

pravda ほんとうだ、確かに Pravda, tak to bylo! ほんとだ、その通りだった！

pravděpodobně おそらく、たぶん Pravděpodobně dnes nepřijde. たぶん、今日は来ないでしょう。

právě まさに、それほど～ない Právě to jsem chtěl. ちょうどそれがほしかったんだ。 Nebylo to právě těžké. そんなに簡単なことではなかった。

prostě 本当に（自身の主張の強調） Nemám prostě čas. 時間がないんですよ。

proto そういうことか、それはよかった Říkal, že tam půjde. – No proto! 彼はそこへ行くといっていましたよ。－それはよかった！

především なんといっても（強調） Židle musí být především pohodlná. いすはなんといっても快適でなければならない。

přímo （強調） Přímo naopak! 正反対だ！

rozhodně きっと、まちがいなく To bude rozhodně lepší. きっともっとよくなることでしょう。

samozřejmě もちろん（賛成、主張の強調） Byla to samozřejmě lež. もちろん嘘だった。

skutečně （確信） To skutečně nikdo nečekal. そんなことは誰も期待していなかったのだ。

sotva まず～しそうにない Přijde? – Sotva. （彼は）来るだろうか？－まずないね。

stejně どのみち、いずれにしても Stejně to udělám! いずれにしても私がやりますよ！ Stejně přijde pozdě. 彼はどのみち遅刻だ。

tak 1. では Tak pojďme. では行きましょう。 Tak co? で、どう？ 2.（強調） Kdyby tu tak byl! 彼がここにいてくれたら！

tedy 1. さあ（誘いかけ） Začněme tedy. さあ始めましょう。 2. なのだ（強調） Takhle to tedy je. まあそんなもんだよ。

totiž すなわち、本当は（説明・正確さ） To je totiž tak. つまりそういうことなのだ。

určitě 必ず、きっと、ぜひ To je určitě ona. 彼女に違いない。 Určitě se mu něco stalo. きっと

彼に何か起きたんだ。

už　〜であれば(希望)　Už aby byly prázdniny! もう休みであればいいのに！

vážně　本当に(確信)　Vážně? To není pravda. ほんとに？ うそでしょ。

však　(脅迫､強調)　Však počkej! 待ちなよ！

vždyt'　(強調)　Vždyt' jsi to neviděl! 君はそれを見ていなかったじゃないか！

zkrátka　要するに　Nikdo ho tu zkrátka nemá rád. 要するに、ここには彼のことをよく思う人は1人もいない。

zrovna　1. まさに(強調)　Proč mi to říkáš zrovna ted'? なんで今それをいうかな。 2.(否定で)そんなに(〜ない)　Nebylo to zrovna levné. そんなに安くなかった。 3. ちょうど同じ Má zrovna takový kabát jako ty. あの人はあなたとまったく同じコートをもっている。

zřejmě　きっと　Zřejmě neměl radost. きっと彼は嬉しくなかったのだ。

že　1. いったい〜というのか(疑問文で驚きや疑いなど)　Kolik že vás bylo? あなた方は何人だったのですか。 2. でしょ(同意を求める)　Je zima, že? さむいねえ。 3. 〜なのか(疑問文で確信のなさ)　Že by o tom nevěděl? そのことを彼は知らなかったのかなあ。

9102　他の品詞とは共通しない助詞

ano　はい　Půjdeš? – Ano. 行く？－はい。

asi　1. 約　asi před týdnem　1週間ぐらい前　2. 〜かな　Asi už nepřijde. もう来ないんじゃないかな。

bohužel　残念ながら、あいにく Manžel není bohužel doma. 夫はあいにく家にいません。

by　(婉曲)　Mohl byste mi pomoct? 助けていただけますか。

dokonce　〜さえも、それどころか　Dokonce mi napsala i dopis. 彼女はそれどころか手紙まで書いてきた。

ostatně　結局(確認)　Nedá se ostatně nic dělat. どうしようもないってことだね。

ovšem 1. もちろん（賛成） Pojedeš s námi? – Ovšem. いっしょに行く？－もちろん。2. もちろん（確信） To je ovšem chyba. これはもちろん間違いだ。

patrně きっと、必ず Patrně je doma. その人は家にいるはずだ。

respektive 1. むしろ 2. あるいは Jsme doma od pondělí, respektive od neděle večer. 私たちは月曜日か日曜日の夜ごろから家にいる。

rovněž ～もまた（文語） Myslím si rovněž, že to tak není. そうではないのではとも思う。

snad 1. きっと（確実性） To se mi snad jenom zdá! きっとそんなふうに思えるだけだ！ 2. ～でありますように（希望） Snad to nebude dlouho trvat. 長くかかりませんように。 3. もしかすると（確信のなさ） Je nemocný, snad dokonce těžce. 彼は病気だ、もしかすると重病かもしれない。

též ～もまた To platí též pro vás. あなたたちにとってもそれはあてはまる。

vlastně 1. むしろ（修正） Šel, vlastně běžel. 彼は歩いていた。というより走っていた。 2.（疑問文で）いったい Kam vlastně jdeme? いったいどこへ向かっているのだろう。

vůbec 1. 本当に（一般的にあてはまることの強調） Je to jeden z největších umělců vůbec. これは大変偉大な芸術家の１人なのである。 2.（否定文で）全然～ない Vůbec o tom nevěděl. 彼はそれについては全然知らなかった。

zejména とりわけ、特に（強調） Důležitá je zejména kvalita. 重要なのはとりわけ質である。

92XX 形にバリエーションのある助詞

9201 形にバリエーションがあり他の品詞と共通する助詞

jen / jenom さあ、ほら（誘いや警告） Jen se neboj! ほら、こわがらないで！

jistě / jistěže きっと、絶対（主観的な確信） To je jistě on. これはきっと彼だ。

přece / přec　1.（jen / jenomとともに）要するに　Přece jen nám nelhal. 要するに彼は嘘はいっていなかったのだ。 2.～でしょ（自身の主張の正しさを強調） Tak se to přece nedá dělat. そんなふうにはできないんだよ。

také / taky　（事実の立証）　To je taky nápad! なんとばかげた考えだ！　Co může taky dělat? 他に何ができるというのか。

teprve / teprv　やっと～したばかり　Začíná teprve chodit. やっと歩き始めたばかりだ。

třeba / třebas　かも（自信や確信のなさ）　Mám jim napsat? – Třeba. 彼らに手紙を書いた方がいいかな。－かもね。

zase / zas　（強調）　A to zas ne! そんなことないよ！

zvlášť / zvláště　1. とくに　Má ráda květiny, zvlášť růži. 彼女は花が、とくにバラが好きだ。 2. だけ　Přišel jsem zvlášť kvůli tobě. 君だけのために来たんだよ。

9202　形にバリエーションがあり他の品詞と共通しない助詞

alespoň / aspoň　少なくとも、せめて　Měl bys to aspoň zkusit. せめてそれを試してみればよかったのに。

nejspíš / nejspíše　たぶん、おそらく　Nejspíš je nemocen. たぶん彼は病気なのだろう。

nikoli / nikoliv　全然～ない　Věříš tomu člověku? – Nikoli. その人を信じているの。－全然。

prý / prej　～だそうだ　Je prý nemocen. 彼は病気だそうだ。

spíše / spíš　むしろ、というより　Spíš chodím pěšky. むしろ歩く。

aby, by, kdyby は主語の人称と数に従って以下のように形を変える。

	単数	複数
1	abych	abychom
2	abys	abyste
3	aby	aby

	単数	複数
1	bych	bychom
2	bys	byste
3	by	by

	単数	複数
1	kdybych	kdybychom
2	kdybys	kdybyste
3	kdyby	kdyby

索　引

見出し語の後の数字は分類番号（変化表の番号）を表わす。
/ は形あるいはつづりのバリエーションを表わす。

D

CH

I

M

Ř

S

V

vy	3102
vybavení	1336
vybavit	5401
výběr	1101
výběrový	2101
vybírat	5501
výbor	1101
výborný	2101
vybraný	2101
vybrat	5110
vybudovat	5301
výdaj	1140
vydání	1336
vydat	5501
vydávat	5501
vydělat	5501
vydržet	5434
vyhlásit	5413
vyhnout se	5210
výhoda	1201
vyhodit	5417
výhodný	2101
vyhrát	5305
vycházet	5437
východ	1114
východní	2201
vyjádření	1336
vyjádřit	5428
vyjadřovat	5301
výjimečný	2101
výjimka	1212
vyjít	5119
výkon	1101
výkonný	2101
výlet	1114
vyloučit	5409
výměna	1201
vyměnit	5404
vynikající	2201
vypadat	5501
vyplatit	5415
vyplývat	5501
vyprávět	5435
vyrábět	5435
výraz	1115
výrazně	6101
výroba	1201
výrobce	1186
výrobek	1111
vyrobit	5401
výrobní	2201
výročí	1336
výrok	1105
vyrovnat	5501
vyřešit	5402
výsledek	1111
vyslovit	5401
vysoce	6102
vysoko	6103
vysoký	2103
výstava	1201
výstavba	1204

Z

クイズの解答

1. akce（単数1・5格あるいは複数1・4・5格） それ以外の語は単数3・6格。
2. venkova（男性単数2格） それ以外の語は単数1格。
3. doufám（動詞現在1人称単数形） それ以外の語は女性名詞複数3格。
4. jedině（副詞） それ以外の語は名詞、lázně は1・4・5格、krajině と hodině は単数3・6格。
5. král（男性名詞単数1格） それ以外の語は動詞L分詞男性単数形。

著者紹介

金指　久美子［かなざし・くみこ］

東京外国語大学准教授（スラブ語学・スラブ文献学）

目録進呈　落丁本・乱丁本はお取替えいたします。

平成30年（2018年）6月10日　©第1版発行

変化型で見る
チェコ語単語集3000

編著者　金指久美子

発行者　佐藤政人

発行所
株式会社　大学書林

東京都文京区小石川4丁目7番4号
振替口座　00120-8-43740番
電話　(03)3812-6281～3番
郵便番号　112-0002

ISBN978-4-475-01164-8　ロガータ・横山印刷・常川製本